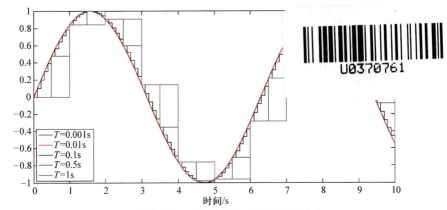

图 3.6 采样时间不同对采样正弦曲线的影响

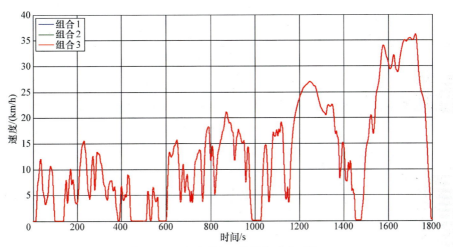

图 3.12 无延时下三种组合速度对比

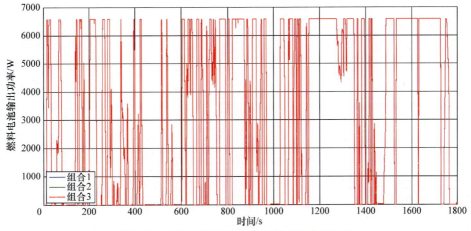

图 3.13 无延时下三种组合燃料电池功率对比

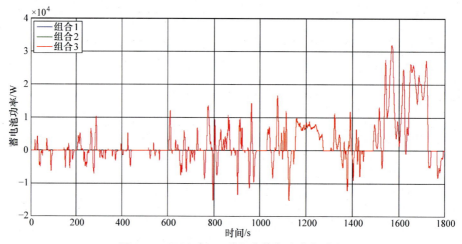

图 3.14　无延时下三种组合蓄电池功率对比

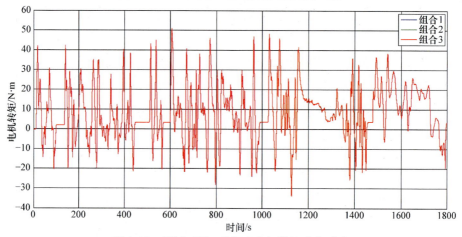

图 3.15　无延时下三种组合电机转矩功率对比

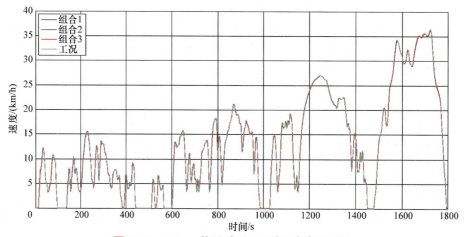

图 3.16　400ms 往返时延下三种组合车速对比

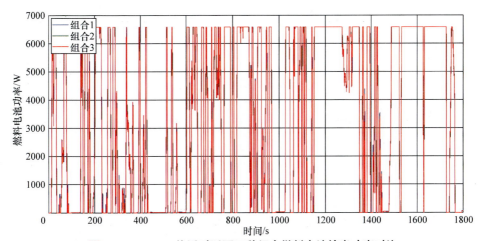

图 3.17 400ms 往返时延下三种组合燃料电池输出功率对比

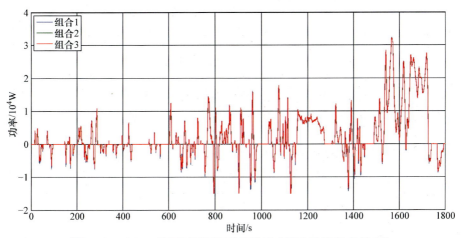

图 3.18 400ms 往返时延下三种组合动力蓄电池输出功率对比

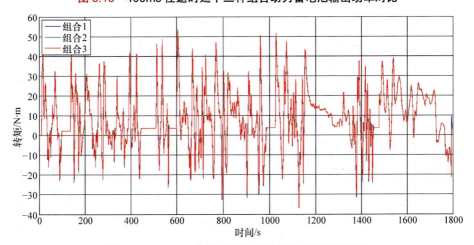

图 3.19 400ms 往返时延下三种组合电机转矩对比

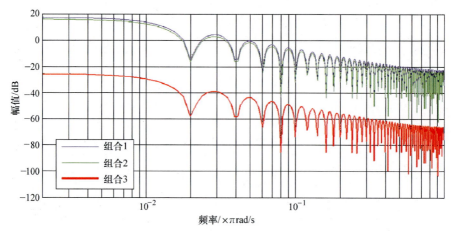

图 3.21　三种组合下 Θ 值对比

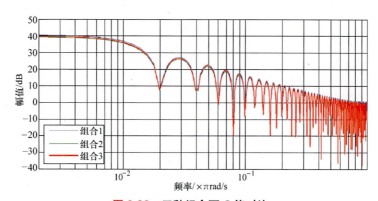

图 3.22　三种组合下 S 值对比

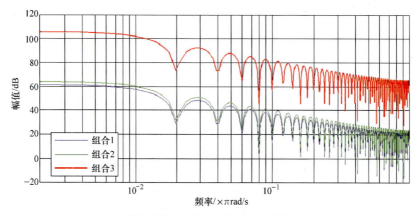

图 3.23　三种组合下 Γ 值对比

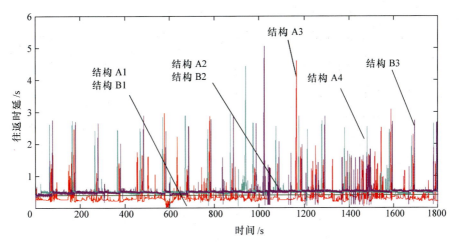

图 4.1 各结构往返时延

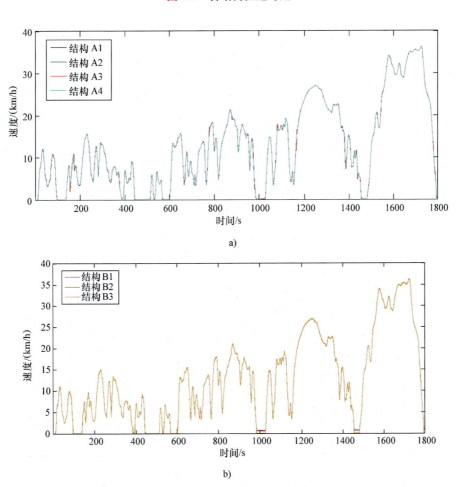

图 4.2 燃料电池动力系统在不同结构下的车速响应

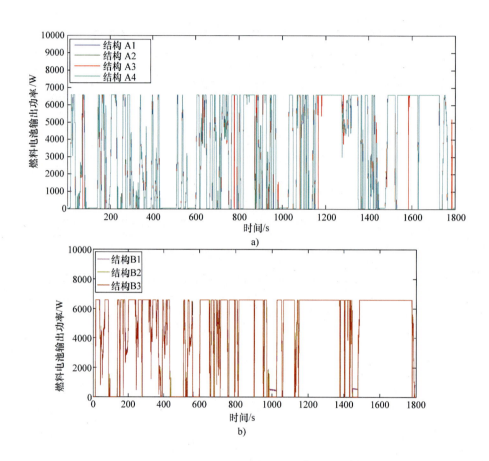

图 4.3 不同结构下的燃料电池输出功率响应

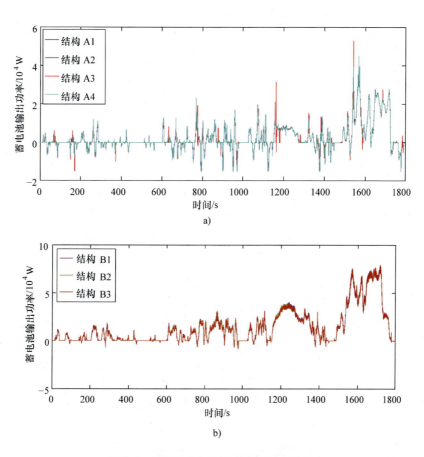

图 4.4 不同结构下动力蓄电池功率响应

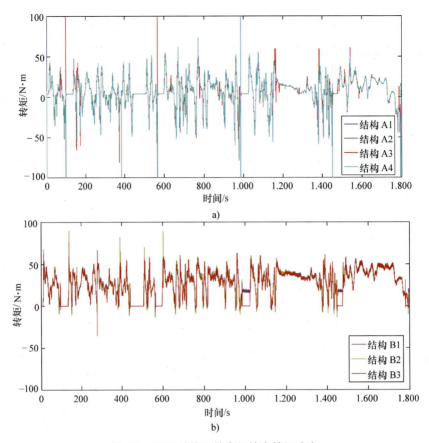

图 4.5 不同结构下的电机输出转矩响应

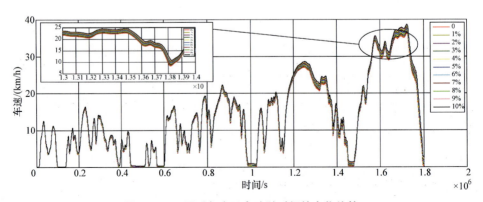

图 4.11 不同丢包率下车速随时间的变化趋势

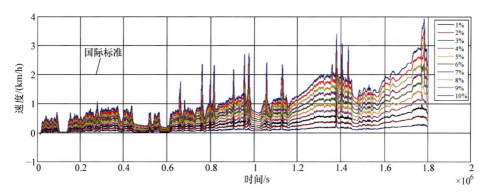

图 4.12　不同丢包率下车速与无丢包情况下车速的差值趋势

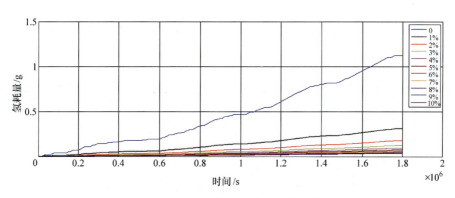

图 4.14　不同丢包率下氢耗量的趋势

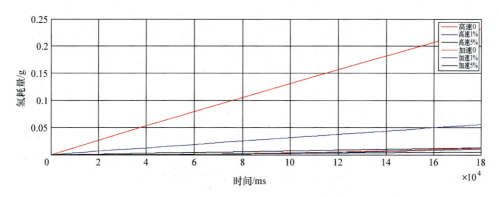

图 4.22　不同工况下不同丢包率的氢耗量对比

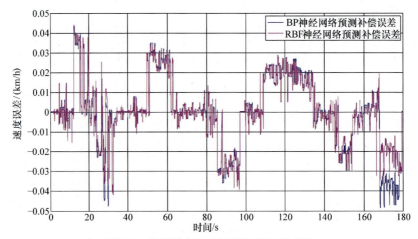

图 5.6　两种神经网络预测补偿误差对比

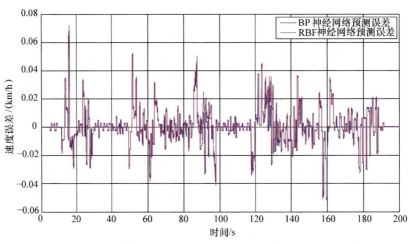

图 5.8　两种神经网络预测误差比较

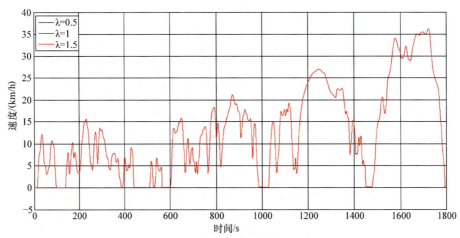

图 5.10　250ms 单向时延时速度仿真结果

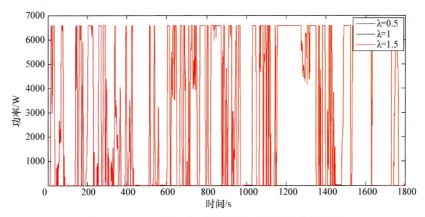

图 5.11　250ms 单向时延时燃料电池输出功率仿真结果

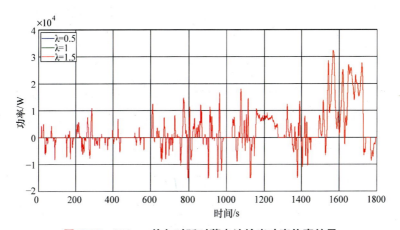

图 5.12　250ms 单向时延时蓄电池输出功率仿真结果

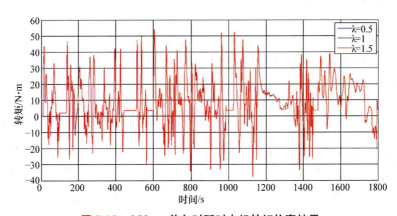

图 5.13　250ms 单向时延时电机转矩仿真结果

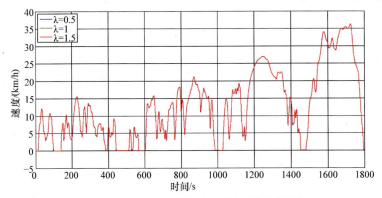

图 5.14　400ms 单向时延时速度仿真结果

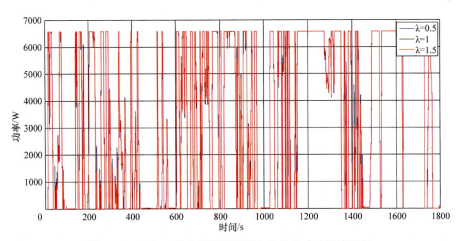

图 5.15　400ms 单向时延时燃料电池输出功率仿真结果

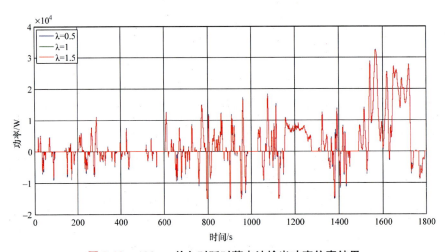

图 5.16　400ms 单向时延时蓄电池输出功率仿真结果

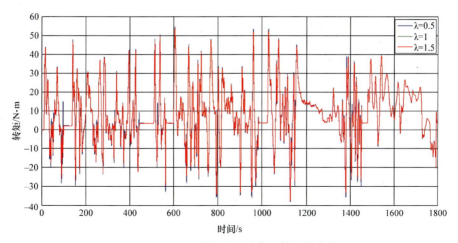

图 5.17　400ms 单向时延时电机转矩仿真结果

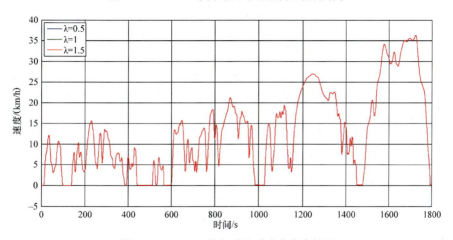

图 5.18　500ms 单向时延时速度仿真结果

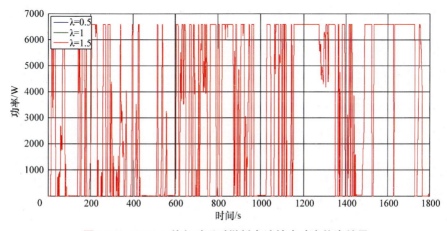

图 5.19　500ms 单向时延时燃料电池输出功率仿真结果

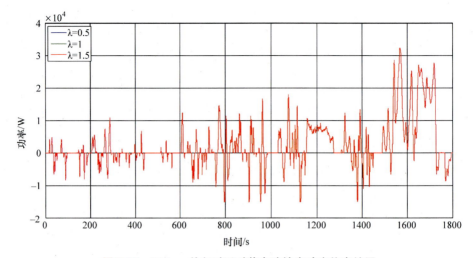

图 5.20　500ms 单向时延时蓄电池输出功率仿真结果

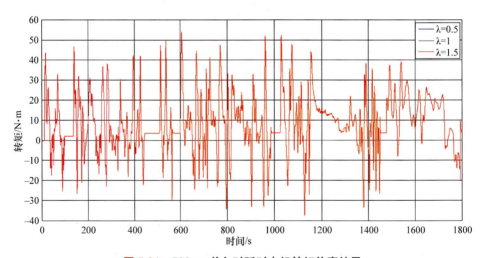

图 5.21　500ms 单向时延时电机转矩仿真结果

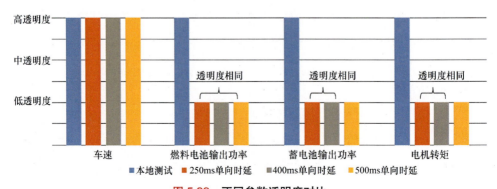

图 5.22　不同参数透明度对比

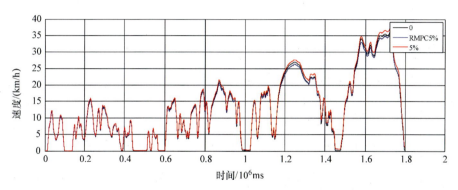

图 5.25　RMPC、5% 丢包率和 0 丢包率与车速的关系

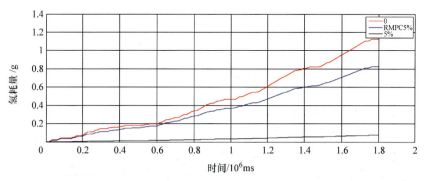

图 5.28　RMPC、5% 丢包率和 0 丢包率与氢耗量的关系

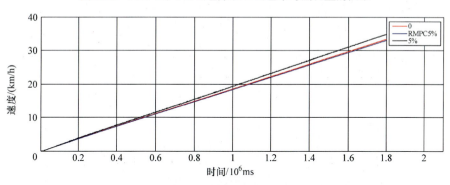

图 5.30　5% 丢包率下有无鲁棒预测补偿器的输出车速

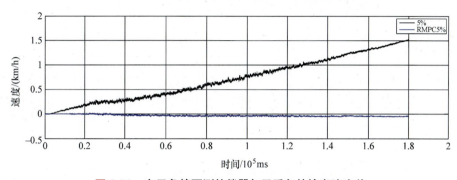

图 5.31　有无鲁棒预测补偿器与无丢包的输出速度差

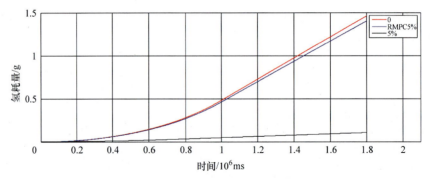

图 5.32 加速路况下的氢耗量

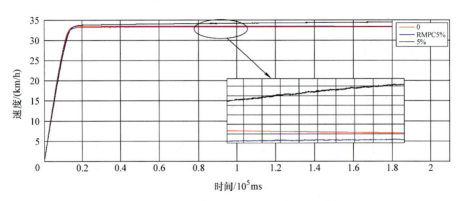

图 5.33 有无鲁棒预测补偿器的输出速度对比

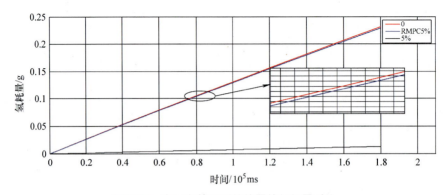

图 5.35 有无鲁棒预测补偿器的氢耗量对比

新能源汽车研究与开发丛书

燃料电池汽车动力系统分布式测试数据传输研究

Data Transmission Analysis of Distributed Test Platform for Fuel Cell Electric Vehicle Powertrain System

牛文旭 著

机械工业出版社

本书的主要研究目的是建立一套基于互联网、应用 X-in-the-Loop 方法的汽车动力系统分布式测试平台，验证基于互联网的分布式测试方法与 X-in-the-Loop 方法的有效性，研究其数据传输效果，并提出数据传输的优化方法。

本书适合燃料电池汽车研究人员阅读使用，也适合高等学校汽车专业师生阅读参考。

图书在版编目（CIP）数据

燃料电池汽车动力系统分布式测试数据传输研究/牛文旭著. —北京：机械工业出版社，2020.3（2021.1 重印）
（新能源汽车研究与开发丛书）
ISBN 978-7-111-64617-4

Ⅰ.①燃… Ⅱ.①牛… Ⅲ.①燃料电池-电传动汽车-动力系统-数据传输-研究 Ⅳ.①U469.72

中国版本图书馆 CIP 数据核字（2020）第 024617 号

机械工业出版社（北京市百万庄大街 22 号　邮政编码 100037）
策划编辑：孙　鹏　责任编辑：孙　鹏
责任校对：王　延　封面设计：马精明
责任印制：常天培
北京虎彩文化传播有限公司印刷
2021 年 1 月第 1 版第 2 次印刷
169mm×239mm・9.75 印张・8 插页・196 千字
标准书号：ISBN 978-7-111-64617-4
定价：49.90 元

电话服务	网络服务
客服电话：010-88361066	机　工　官　网：www.cmpbook.com
010-88379833	机　工　官　博：weibo.com/cmp1952
010-68326294	金　书　网：www.golden-book.com
封底无防伪标均为盗版	机工教育服务网：www.cmpedu.com

序

氢能作为一种可再生能源，在未来的能源结构中占有重要的地位。燃料电池汽车作为电动车辆方案的一种，以其续驶里程长、能源加注时间短、零排放和能源可再生等优势，被视为车辆电气化的重要方向。

随着燃料电池系统及燃料电池整车技术的逐步成熟，燃料电池汽车正逐步从车辆示范运行转向产品投放市场，但同时市场现有产品结构和基础设施配套水平与满足客户实际需求还有较大差距，开发测试验证体系尚未成熟，相关的企业产品测试标准以及产业法规尚不完善。

由于现阶段燃料电池汽车产业发展还未完善，往往需要集成外部软硬件资源。并且，燃料电池汽车动力系统具有结构复杂、涉及部件众多、模型验证难度高等特点，往往会出现系统中部分物理实体缺失的情况，现有的开发验证方法难以完全满足要求，在该情况下难以构成整套测试闭环。本书为了克服这类分布式测试方法的劣势，创新性地引入了一种称为 X-in-the-Loop（XiL）的汽车测试验证方法和互联网分布式测试平台，可实现软硬件集成测试。

在基于互联网分布式测试平台应用实践中，其关键是整套测试系统中的数据传输问题。本书正是以这一问题为切入点，提供了一套数据传输分析及优化方法，该分析及优化方法对此类分布式测试平台具有重要指导作用。

牛文旭博士在同济大学求学期间，对燃料电池汽车动力系统分布式测试领域进行了长期的研究，通过参与多项国家科研项目及政府间合作项目积累了理论知识和工程实践经验。本书的出版既是牛文旭博士和我多年来研究成果的结晶，也是国际科技合作的充分体现。作为导师，我愿意向您推荐本书，欢迎提出宝贵意见和建议，以推动燃料电池汽车理论研究和产业发展。

国家"千人计划"专家
同济大学校学术委员会委员
汽车学院学术委员会主任
燃料电池汽车技术研究所所长
同济大学教授、博士生导师

章桐博士

前 言

我国汽车行业经过了这些年来的高速增长,形成了巨大的产业规模,汽车保有量稳步上升。同时,当今社会也面临着能源短缺和环境污染两大严峻的问题,为了可持续发展,越来越多的国家制定了更为严苛的排放、能耗法规,汽车行业的变革显得刻不容缓。在这一背景下,以纯电动汽车、燃料电池汽车为代表的纯电驱动新能源汽车将成为今后发展的方向。燃料电池汽车因其能量密度高、能量转化效率高、环境友好的特点,具有广阔的发展前景。燃料电池的主要工作原理是燃料与氧化剂的化学能转换为电能,其中质子交换膜燃料电池的反应物为氢和氧,反应产物为水和电能,具有清洁、高效的特点。

在燃料电池汽车开发过程中,动力系统的测试验证是重要环节。由于现阶段燃料电池汽车产业发展还未完善,开发测试验证体系不够成熟,往往需要集成外部软硬件资源。并且,燃料电池汽车动力系统具有结构复杂、涉及部件众多、模型验证难度高等特点,往往会出现系统中部分物理实体缺失的情况,现有的开发验证方法难以完全满足要求,在该情况下难以构成整套测试闭环。

为了克服这类分布式测试方法的劣势,本书引入了一种称为 X-in-the-Loop(XiL)的汽车测试和验证方法,可实现软硬件集成测试,旨在针对日益复杂的整车系统,集合了驾驶员和环境的模型及实物。由以上研究背景,业界引入了互联网分布式测试和 X-in-the-Loop 方法的汽车动力系统分布式测试平台,其研究关键是整套测试系统中的数据传输问题。

本书的主要研究目的是建立一套基于互联网、应用 X-in-the-Loop 方法的汽车动力系统分布式测试平台,验证基于互联网的分布式测试方法与 X-in-the-Loop 方法的有效性,研究其数据传输效果,并提出数据传输的优化方法。

目 录

序
前言
第1章 绪 论 ……………………………………………………………… 1
  1.1 燃料电池汽车动力系统概述 ………………………………………… 1
  1.2 互联网分布式测试概述 ……………………………………………… 2
    1.2.1 分布式系统的性能 …………………………………………… 3
    1.2.2 分布式系统网络 ……………………………………………… 4
    1.2.3 分布式系统架构 ……………………………………………… 6
  1.3 互联网分布式实时测试中的难点 …………………………………… 8
    1.3.1 互联网 QoS 参数 ……………………………………………… 8
    1.3.2 系统耦合特性引起的误差 …………………………………… 11
  1.4 互联网分布式测试验证在汽车领域的应用 ………………………… 11
    1.4.1 分布式测试验证控制理论方法 ……………………………… 11
    1.4.2 分布式测试验证设计及评估方法 …………………………… 14
    1.4.3 用于互联网分布式测试验证的软件和商业解决方案 ……… 16
  1.5 X-in-the-Loop 测试验证方法 …………………………………… 17
  1.6 X-in-the-Loop 场景设计 ………………………………………… 19
    1.6.1 同步性方法设计 ……………………………………………… 20
    1.6.2 Model-in-the-Loop ………………………………………… 22
    1.6.3 Software-in-the-Loop ……………………………………… 23
    1.6.4 Hardware-in-the-Loop ……………………………………… 24
    1.6.5 X-in-the-Loop 在分布式系统框架内的场景用例 ………… 26

目 录

1.7 本章小结 ……………………………………………………………… 27

第2章 燃料电池汽车动力系统分布式测试平台 …………………………… 29
2.1 建模类型选择 …………………………………………………………… 29
2.2 汽车动力学模型 ………………………………………………………… 31
2.3 燃料电池建模 …………………………………………………………… 32
 2.3.1 基于燃料电池等效电路的功率输出特性建模 …………………… 32
 2.3.2 基于实验数据燃料电池功率输出特性建模 ……………………… 33
 2.3.3 燃料电池模型功率输出特性模型修正 …………………………… 35
2.4 蓄电池建模 ……………………………………………………………… 36
2.5 燃料电池/蓄电池能量管理控制策略 ………………………………… 38
2.6 驾驶员 …………………………………………………………………… 40
2.7 电驱动系统 ……………………………………………………………… 42
 2.7.1 电驱动系统建模 …………………………………………………… 42
 2.7.2 Mini Electric Drive System in Hardware ……………………… 45
2.8 组合架构划分 …………………………………………………………… 49
2.9 本章小结 ………………………………………………………………… 51

第3章 数据传输分析 ……………………………………………………… 52
3.1 网络数据传输测量方法 ………………………………………………… 52
3.2 模块数据传输分析 ……………………………………………………… 55
 3.2.1 模型参数设置 ……………………………………………………… 55
 3.2.2 采样时间 …………………………………………………………… 59
 3.2.3 测试工况选取 ……………………………………………………… 62
 3.2.4 模块间数据传输分析 ……………………………………………… 63
3.3 数据丢包 ………………………………………………………………… 76
 3.3.1 数据丢包的影响因素 ……………………………………………… 76
 3.3.2 具有数据丢包的状态方程 ………………………………………… 77
 3.3.3 基于马尔科夫随机过程的数据丢包模型 ………………………… 78
3.4 本章小结 ………………………………………………………………… 82

第4章 数据传输对汽车动力系统分布式测试平台性能的影响 …………… 83
4.1 系统透明度分析 ………………………………………………………… 83
 4.1.1 透明度理论 ………………………………………………………… 83
 4.1.2 结构配置 …………………………………………………………… 84
 4.1.3 不同结构下响应分析 ……………………………………………… 86
 4.1.4 非参数统计分析方法 ……………………………………………… 90
 4.1.5 对车速的非参数检验 ……………………………………………… 92

4.1.6 对燃料电池输出功率的非参数检验 …………………………… 93
4.1.7 对动力蓄电池的非参数检验 ………………………………… 93
4.1.8 对电机输出转矩的非参数检验 ……………………………… 96
4.1.9 非参数检验结果分析 ………………………………………… 96
4.2 数据丢包对系统性能的影响 ………………………………………… 98
4.2.1 WLTC 工况下丢包率对系统性能的影响 …………………… 98
4.2.2 加速工况仿真分析 ………………………………………… 100
4.2.3 高速工况仿真分析 ………………………………………… 102
4.3 本章小结 …………………………………………………………… 104

第 5 章 分布式测试平台数据传输优化方法研究 ……………………… 106
5.1 利用神经网络的数据传输优化方法研究 ………………………… 106
5.1.1 时间序列预测 ……………………………………………… 106
5.1.2 预测效果 …………………………………………………… 109
5.1.3 使用模拟速度的时间延迟预测和补偿仿真 ……………… 110
5.1.4 使用实际速度的时间延迟预测和补偿仿真 ……………… 112
5.2 利用观测器的数据传输优化方法研究 …………………………… 114
5.2.1 观测器设计 ………………………………………………… 114
5.2.2 观测器对透明度的影响 …………………………………… 121
5.3 针对数据丢包的分布式测试平台预测补偿器设计 ……………… 123
5.3.1 补偿器设计 ………………………………………………… 123
5.3.2 仿真分析 …………………………………………………… 127
5.4 本章小结 …………………………………………………………… 133

第 6 章 结论 ………………………………………………………………… 134

参考文献 ……………………………………………………………………… 136

后记 …………………………………………………………………………… 146

第 1 章

绪 论

1.1 燃料电池汽车动力系统概述

我国汽车行业经历了这些年来的高速增长,形成了巨大的产业规模,汽车保有量稳步上升。同时,当今社会也面临着能源短缺和环境污染两大严峻的问题,为了可持续发展,越来越多的国家制定了更为严苛的排放、能耗法规,汽车行业的变革显得刻不容缓。在这一背景下,以纯电动汽车、燃料电池汽车为代表的纯电驱动新能源汽车将成为今后发展的方向。燃料电池汽车因其能量密度高、能量转化效率高、环境友好的特点,具有广阔的发展前景。燃料电池的主要工作原理是燃料与氧化剂的化学能转换为电能,其中质子交换膜燃料电池的反应物为氢和氧,反应产物为水和电能,具有清洁、高效的特点。

燃料电池动力系统主要由燃料电池发动机、辅助动力源(蓄电池)、DC/DC变换器、驱动电机及各相应的控制器,以及机械传动与车辆行驶机构等组成。燃料电池汽车开发过程中,动力系统的测试验证是其中的重要环节。针对燃料电池汽车动力系统测试验证的要求,国内外学术机构和企业开发了不同规格和结构的燃料电池汽车动力系统测试平台。该类平台的主要功能单元包括人机交互系统、燃料电池系统、其他电源系统、DC/DC变换器系统、电驱动系统、测功机系统、数采系统等。

在小型燃料电池动力系统测试平台方面,Corbo等开发了一套小型燃料电池汽车动力系统测试平台,可完成整套动力系统的匹配和性能测试[1]。Thounthong等开发了一套燃料电池/超级电容双能量源测试系统,并分析比较了该系统中单一能量源供电与双能量源供电的效果[2]。Vural开发了一套5kW燃料电池/超级电容动力系统测试平台,可完成动力系统性能测试[3]。Mohammad Salah开发了一套5kW燃料电池/动力蓄电池动力系统测试平台,该平台可完成动力系统动态性能测试及能量管理控制策略研究[4]。Vehicle Projects LLC采用CompactRIO嵌入式控制器与LabVIEW图形化设计软件,来设计用于燃料电池的控制系统,使用 NI CompactRIO 控制器来监视和控制燃料电池机车和控制器局域网（CAN）总线的安全和运行[5]。另外，采用基于 NI VeriStand 的实时测试环境，Wineman Technology 公司的 INERTIA 控制附加软件，以及 NI PXI 的硬件测试系统，创建了硬件在环（HIL）测试系统，使其能够仿真、控制、监测福特汽车公司开发的乘用车燃料电池动力系统模型[6]。

在车载燃料电池动力系统测试平台开发方面，武汉理工大学开发了一套燃料电池电动汽车动力系统综合测试平台，该平台可完成 30kW 燃料电池/动力蓄电池动力系统测试，为动力系统的控制、性能的测试以及工况的模拟提供了可靠的平台，并可完成系统管理策略与部件测试等关键技术[7]。合肥工业大学与博世技术中心合作开发了超级电容与燃料电池发动机混合动力系统测试平台，该测试平台可满足额定功率为 70kW 的燃料电池发动机的动力系统测试[8]。另外，吉林大学、清华大学、同济大学等高校和研究机构，开发了针对燃料电池发动机、DC/DC 变换器、电机及控制器的关键部件测试平台[9-11]。燃料电池动力系统包含了诸多不可测量，或难以测量的量，这些量对于整个动力系统又是不可或缺的。利用若干可测量并通过合适的算法进行估计、推断和预测出这些量，已经成为解决上述问题的一种有效途径。

现阶段燃料电池汽车产业发展还不完善，开发测试验证体系不够完备，现有燃料电池汽车动力系统测试平台存在一定局限性。完成整套燃料电池汽车动力系统测试，往往需要集成外部软硬件资源。现有测试平台主要以动力系统关键部件（驱动电机、燃料电池等）测试台架为主，缺少联动设备。针对大功率车载燃料电池发动机/动力蓄电池构成的动力系统测试平台较少，无法满足该类动力系统的开发测试需求。另外，若出现某一动力系统关键部件缺失的情况，现有测试平台无法实现该类情况的测试，无法实现软硬件结合测试。

针对现有测试平台的不足，需要引入新的开发测试方法，开发新型燃料电池汽车动力系统测试平台，满足开发测试的需要。

1.2 互联网分布式测试概述

随着汽车产品研发日趋全球化，利用互联网等新技术，统筹不同地区或不同领域的开发平台，节省开发和测试的时间和成本，成为各国关注的重点。工业 4.0 是德国政府提出的一个高科技战略计划。该项目由德国联邦教育及研究部和联邦经济技术部联合资助，旨在提升制造业的智能化水平，建立具有高适应性、高资源效率及符合人因工程学的智慧工厂，在商业流程及价值流程中整合客户及商业伙伴，其技术基础是网络实体系统及物联网。同时，"互联网+"的概念也在我国兴起。2015 年，我国政府提出制定"互联网＋"行动计划，推动移动互联网、云计算、大数据、物联网等与现代制造业结合，促进电子商务、工业互联网和互联网金融健康发展。其中，"互联网＋工业"即传统制造业企业采用移动互联网、云计算、大数据、物联网等信息通信技术，改造原有产品及研发生产方式，与"工业互联网""工业4.0"的内涵一致。

随着产品创新迭代的加速，产品复杂性的上升，汽车产品的开发已经不仅仅是独立的机电产品开发，而更多地转变为跨学科的合作[12]。这种转变也有利于根据客户的要求，满足产品多样化功能和需求[13-15]。因为供应商在开发阶段发挥愈加重要的作用，多元网络化供应链与开发过程的关系相较以往更为密切[16]。这意味着稍许变化或延迟可能会影响整个项目计划进度。此外，还必须考虑有关环境和社会责任[17]。

全球化的趋势、产品的复杂性、技术的快速更迭以及技术专长的区域化等都为汽车行业带来了新的挑战[18,19]。多个地区或国家之间的合作测试和验证工作现在已成为行业惯例。实现这种合作的一种方式是将全球分布的测试和验证部分用互联网连接，避免了将分布式部件资源集中整合进行本地测试带来的资源浪费。该方法的优点还包括，保证产品开发方的机密信息安全，避免在开发过程中向合作单位泄露知识产权信息等。因此，将不同地区的开发测试验证系统通过网络连接，可以大大提高产品开发和测试的效率。

分布式系统是其组件分布在联网的计算机上，组件之间通过传递消息进行通信和动作协调的系统。为了实现实时测试的目标，可通过互联网连接两个或多个地理分布式系统。分布式系统具有如下特征[20]：

● 并发：用户可在各自计算机上工作，在必要时共享诸如 Web 页面或文件等资源。

● 缺乏全局时钟：网络上的计算机与时钟同步所达到的准确性有限，即没有一个正确时间的全局概念。

● 故障独立性：网络故障导致互联的计算机隔离，但不意味着计算机停止运行。计算机的故障或系统中程序的异常终止，并不能马上使与它通信的其他组件了解。

分布式系统的难点是处理其组件的异构性、开放性（允许增加或替换组件）、安全性、可伸缩性（负载增加时能正常运行的能力）、故障处理、组件的并发性、透明性和提供服务质量的问题。

1.2.1 分布式系统的性能

由上文可知，分布式系统的性能由该系统的异构性、开放性、安全性、可伸缩性、故障处理、组件的并发性、透明性等决定。

异构性即为多样性和差别性，表现为分布式系统的各组件在软硬件、操作系统、编程方式上存在差别。开放性为系统能否以不同方式进行扩展和重新实现的性能。开放的分布式系统主要特征为系统的关键接口开放，以及通信机制一致。可伸缩性为负载增加时仍能保持正常运行的能力。在理想状态下，当系统规模增加时，系统结构和应用程序不需要做出改变。但是在实际应用中，为了避免软硬件资源出现过度开销和性能损失，往往需要针对系统的可伸缩性进行设计。故障处理指的是针对分布式系统的进程和网络中产生的故障进行处理，包括故障检测、故障掩盖、容错、故障恢复、冗余等。由于分布式系统的故障出现是分散的，即一部分组件发生故障，一部分组件运行正常，因此分布式系统的处理较为困难。组件的并发性指在分布式系统中，可能会出现同时有多个客户端要求访问同一个共享资源的情况。透明性被定义为对用户和应用程序员屏蔽分布式系统组件的分离性，使系统被认为是一个整体，而不是独立组件的集合。ANSA（ANSA 1989）与 ISO（ISO 1992）给出了几种透明性的定义[20]，即访问透明性（以相同的操作访问本地资源和远程资源）、位置透明性（无须了解资源位置的访问）、并发透明性（多进程互不干扰）、故障透明性（用户可独立完成故障屏蔽）、移动透明性（资源的移动不影响操作和访问）、性能透明性（系统配置随着负载变化而调整）和伸缩透明性（系统或应用能够进行扩展，同时系统基本结构不变）。

1.2.2 分布式系统网络

分布式系统利用局域网、广域网进行通信，因此网络性能以及服务质量影响通信质量和分布式系统性能。常见局域网和广域网的分类性能见表1.1。

表1.1 网络性能

		实例	范围	带宽/(Mbit/s)	延迟/ms
有线	LAN	以太网	1~2km	10~1000	1~10
	WAN	IP 路由	时间范围	0.01~600	100~500
	MAN	ATM	2~50km	1~600	10
	互联网络	互联网	世界范围	0.5~600	100~500
无线	WPAN	蓝牙（IEEE802.15.1）	10~30m	0.5~2	5~20
	WLAN	WiFi（IEEE802.11）	0.15~1.5km	11~108	5~20
	WMAN	WiMAX（IEEE802.16）	5~50km	1.5~20	5~20
	WWAN	3G 电话网	1~5km	0.348~14.4	100~500

OSI（Open System Interconnect），即开放式系统互联。一般都称为 OSI 参考模型，是 ISO（国际标准化组织）在1985年研究的网络互联模型。该体系结构

标准定义了网络互联的 7 层框架（物理层、数据链路层、网络层、传输层、会话层、表示层和应用层），即 ISO 开放系统互联参考模型。在这一框架下进一步详细规定了每一层的功能，以实现开放系统环境中的互联性、互操作性和应用的可移植性[21]。OSI 模型的结构见表 1.2。

表 1.2　OSI 模型结构

层级数	名称	示例
7	应用层	HTTP、SMTP、SNMP、FTP
6	表示层	XDR、ASN.1、SMB、AFP
5	会话层	ASAP、TLS、SSH、RPC
4	传输层	TCP、UDP、RTP、SCTP
3	网络层	IP、ICMP、IGMP、IPX
2	数据链路层	以太网、令牌环、HDLC、帧中继
1	物理层	线路、无线电、光纤

网络通信协议是一种网络通用语言，为连接不同操作系统和不同硬件体系结构的互联网络提供通信支持。其中，网络应用服务在选择传输层协议时有两大选择，即 TCP（Transmission Control Protocol，传输控制协议）或 UDP（User Datagram Protocol，用户数据报协议）。TCP 是一种面向连接的、具备可靠传输特性的协议；UDP 是一种面向无连接的传输协议[22]。网际协议（IP）为互联网络层协议，IP 数据报为互联网提供了基本传输机制。应用层消息经过 TCP 或 UDP 端口封装为 TCP 或 UDP 数据包，再经互联网络层，前端封装 IP 头部，经网络接口层，通过底层网络（光纤等传输介质）传输。互联网络消息传递过程如图 1.1 所示。

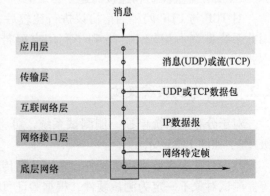

图 1.1　互联网络消息传递示意图

在传输层通信协议的选择上，TCP 是一种面向广域网的通信协议，目的是在跨越多个网络通信时，为两个通信端点之间提供一条具有下列特点的通信方式[23]：

- 基于流的方式。
- 面向连接。
- 可靠通信方式。
- 在网络状况不佳的时候，尽量降低系统由于重传带来的带宽开销。

- 通信连接维护是面向通信的两个端点的，而不考虑中间网段和节点。

基于 TCP 协议的特点，TCP 协议在数据传输时有以下规则：

- 数据发送时，发送端将数据分为若干片，接收端接收数据是对数据进行重组并向发送端返回接收确认信号。
- 发送端在发送同时启动定时器，若定时器超时后没有收到接收端的确认信号，启动重新发送。
- 一旦出现数据失序或重复，接收端将收到的数据重新排序、将重复数据丢弃。

UDP 是 ISO 参考模型中一种无连接的传输层协议，提供面向操作的简单非可靠信息传送服务。UDP 协议直接工作于 IP 协议的上层，和 TCP 协议提供的服务相比具有以下特点[23]：

- 是一种报文投递方式，没有"流"的概念。
- 不存在连接。
- 不提供可靠的通信保证。
- UDP 头部包含很少的字节，比 TCP 头部消耗少，传输效率高。

因此基于 UDP 的协议特点，UDP 协议在传输时有以下规则：

- 不存在数据分片，不存在对接收端的数据进行确认的行为。
- 没有流量控制和连接的建立与维护。

对 TCP 与 UDP 两种通信协议进行比较后，可知 UDP 协议不存在数据分片，因此系统带宽占用较小，有利于利用有限带宽，适合于时间间隔较大的通信方式。

1.2.3 分布式系统架构

对于分布式系统单独一侧测试系统，可将测试系统按功能分为以下 5 个层级[24]，如图 1.2 所示。

其中过程层主要为测试硬件设备，包括传感器、测试台、测试硬件、执行器等。测试对象不一定为测试硬件，根据验证目标，测试对象可能是系统中的一个元素、组件、子系统或整个动力系统。测试台的设计与配置主要由测试对象决定，必须考虑测试台的静态与动态特性。测试对象的负载特性基本上取决于执行器的性能，常用的负载特性包括转矩和效率特性、负载单元中转矩建立的响应时间以及能量转换特性。

为了实现各种负载条件，将执行器分为机械、电气和气候加载设备。机械加载装置一方面包括产生一定转矩或速度的装置（测功机、涡流制动器等），另一方面包括机械控制系统，如加速踏板、驾驶机器人。电力负载装置（电池模拟器、电子负载）实现对电池、电力电子部件或燃料电池系统电负载的调节。

第 1 章 绪 论

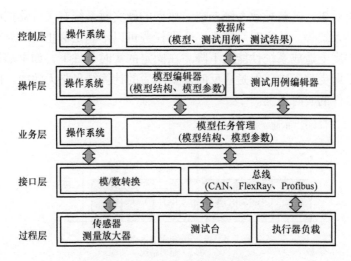

图 1.2 分布式系统一侧系统架构

接口层向过程层提供信号输出并完成过程层的信号输出。为了以较低的成本实现在电磁干扰下可靠和及时的数据传输，总线系统作为一种特殊类型的通信网络得到应用。图 1.3 比较了标准协议与企业专用协议的总线系统数据传输速率[25]。目前，有兼容不同硬件和软件的标准总线系统以及仅在少数制造商专用测试台中使用的总线系统可供选择。总线的选择与实时操作系统的实时条件有关。根据文献[26]，实时操作定义如下："实时操作系统（real-time operating system，RTOS）是在指定的时间限制里面，保证一个特定能力的操作系统。"文献[27]给出了 3 个实时条件："硬"实时条件、"软"实时条件和"固定"实时条件。在硬实时系统中，事件（也称任务，Task）的截止期错过会对外部环

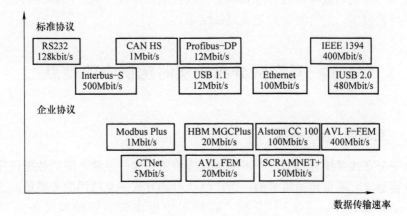

图 1.3 不同总线数据传输速率对比

境造成严重后果,甚至导致系统崩溃。典型的硬实时系统有飞行器控制系统、复杂核电控制系统等。软实时系统中,个别任务可以不满足截止期的时间要求,但会在一定程度上造成系统性能的下降。在固定的实时条件下,如果超过了时间要求,不会立即受到影响,但是违反时间要求后的计算结果是无效的。图1.4比较了硬件和软件的实时情况。

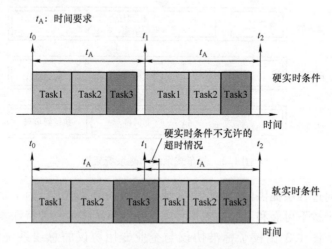

图1.4 硬实时条件与软实时条件

在业务层,为满足测量和控制质量以及安全要求,通常使用硬实时系统。另一方面,在操作层和控制层,通常使用软实时系统。由于控制或仿真模型在非实时系统中构建,因此在实时系统上实现的模型必须首先转化为实时代码。

在操作层,通过特定的用户界面可以定义模型或测试程序。在仿真测试期间,在操作层记录或模拟的信号和状态将以合适的形式呈现。控制层则集成各个测试平台的模型,运行测试并记录测试结果。

1.3 互联网分布式实时测试中的难点

1.3.1 互联网 QoS 参数

由于分布式系统各部分位于不同的地理位置,这些系统之间的数据传输质量具有重要意义。衡量传输质量的一个广泛认可的方式是互联网服务质量。服务质量(Quality of Service,QoS)是指"在网络中提供资源保障和服务差异的能力"[9]。互联网与电路交换网络不同,由于具有分组交换特性而通过不同的路由

第 1 章 绪 论

节点和路径，从而导致不同程度的延迟、抖动和数据丢失。对于实时应用，需要一定的 QoS 性能来确保测试验证的效果。

El-Gendy 等[29]通过以下参数描述了 QoS 要求：吞吐量、延迟、抖动、丢包和可靠性。考虑到足够的吞吐量和可靠性特性要得到保证，其余的三个参数中，即延迟、抖动和丢包，都会直接影响互联网实时测试的效果。

延迟是指某个包含一定数据量的数据包，从出发节点传输至到达节点的时间间隔，准确地说，这里的延迟是指单向延迟。然而，由于时钟同步的困难，往返延迟（Round-Trip Time，RTT）更常用于表示网络连接的延迟。虽然在分布式系统中也存在其他类型的延迟，但互联网时间延迟通常被认为是影响系统性能的主要问题。对于系统分布在不同大陆的实验，互联网延迟占其他类型延迟的压倒性部分。Krishnan 等人[30]研究了 Google 的内容分布式网络（Content Distribution Network，CDN）中的服务器到客户端的互联网延迟，涵盖了位于欧洲、亚洲、北美洲和南美洲的客户端和 CDN 节点。结果表明，互联网连接延迟的时间范围从小于 100 ms 到 2000 ms 以上。AT&T 使用其 IP 网络性能测量方法来评估 AT&T 的全球 IP 网络和美国网络的延迟[31,32]。

Verizon 等一些网络监控公司也提供了类似的互联网延迟测量等网络监控服务[33,34]。由于其测量基于不同的测量条件（数据包大小、测量时间、数据路径、带宽等），即使两个相同城市间的测量，也可能会产生相当不同的测量结果。允许延迟的阈值由具体的实验目标和配置定义，因此，首先需要定义时间延迟的上限以确定系统可以容忍的最大允许延迟。

同时，互联网延迟也显示出动态特征。图 1.5 显示了延迟特征的典型概率密

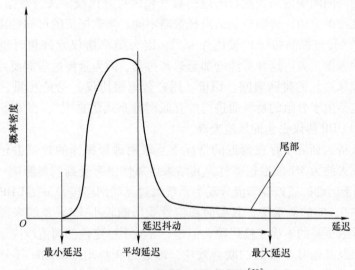

图 1.5 互联网延迟概率密度[20]

度函数，其延迟主要是由于排队延迟引起的。

此外，还有一些其他模型用于描述延迟特性，如伽马模型[35-38]、威布尔模型[39-41]、截断高斯分布[42,43]、对数正态分布[44-46]、帕累托指数模型[40,45]等延迟模型。另外，非参数最大似然估计方法也适用于表示延迟特性[40]。

测量互联网延迟有助于评估互联网连接的传输质量，可以反映节点的当前工作状态和影响分组动态的可能网络事件。尽管下一个时间步长的精确时间延迟未知，但仍有助于进一步设计适合相应延迟分布的延迟估计和补偿的控制理论方法。

通常与延迟相关的抖动可以被理解为延迟变化。最大抖动定义为最大延迟和最小延迟之间的延迟波动区间，同样也反映了传输的质量。Kunzmann 等提出利用对数正态分布来统计描述基于实际互联网测量的抖动模型[47]。其结果表明，对于位于远离外地的节点，其与距离较近的节点间为窄对数正态分布关系。Kaune 等人基于长时间内的数据测量，得出了对数正态分布的类似结论[48]。抖动也与负载条件有关，当路由中的流量严重超载时，延迟的尾部将较非重负载的路由延长，意味着抖动的增加[49]。抖动是互联网的不可避免的特征，相对较大的抖动可能导致数据传输的失真，在音频和视频应用上，具有低延迟和小抖动的互联网传输，可以实现比高延迟和无抖动更好的性能。Hikichi 等通过应用丢弃策略来消除错放的数据包，提出了用于触觉协作的低延迟和小抖动之间的权衡理论[50]。Zhang 等指出，对于 VoIP 或 MPEG 视频传输，必须通过在接收端设置播放缓冲区来消除抖动[49]。然而，对于汽车产品开发过程中的实时测试，目前没有相应的工作来详细说明具有抖动的数据传输的预处理方法。

在特定时间间隔内未到达目的地的数据包的百分比被定义为数据包丢失率。对于不同类型的应用，传输协议的选择策略不同，当数据流的可靠性需要得到保证时，TCP（传输控制协议）被优先考虑，因为 TCP 协议允许超时重传算法来确保较低的数据丢失。这种算法增加延迟和抖动，因为重传过程需要路径中额外的传输负载和更长的排队时间。UDP（用户数据报协议）恰恰相反，注重保护实时性，包括由于分组的特性而进行的互联网分布式仿真[51]。当 QoS 质量下降时，使用 UDP 协议丢包的风险变高。

Walker 等人研究了存在延迟的情况下互联网远程操作的数据丢包问题，结果表明，在大约为 3% 的丢包率时，其结果可靠性没有受到明显影响[52]。Brudnak 等将基于运动的模拟器和混合动力系统通过互联网连接，采用 UDP 协议，丢包率保持在 0.1% 的低水平，其实时稳定性受影响较小[53]。总的来说，较高的丢包率会导致更高的不稳定性风险，但是，导致不稳定性的阈值取决于系统的具体配置，以及其他 QoS 参数的联合效应，即延迟和抖动。Borella 等分析了互联网丢包统计数据，发现大部分丢包是由于丢失突发、连续丢失一次或多次的事件[51]。这表明数据包丢失在一定的时间间隔内会集中恶化,带来额外的不稳定风险,影响互联网分布式系统的实时性能。

以上文献表明,互联网的 QoS 参数是影响分布式系统性能的重要参数,需在测试设计和实施过程中重点关注。

1.3.2 系统耦合特性引起的误差

QoS(延迟,抖动和分组丢失)的三个主要参数是分布式系统性能恶化的主要原因之一,另一个可能的因素是分布式系统本身的耦合特性引起的误差[54]。表 1.3 为非分布式系统和分布式系统中的求解器误差。

表 1.3 非分布式系统和分布式系统中的求解器误差

步长	非分布式系统误差	分布式系统误差	误差比
0.002s	3.33×10^{-8}	2.00×10^{-5}	600
0.001s	0.42×10^{-8}	0.5×10^{-5}	1190
步长减半后误差降低百分比	12.61%	25%	—

分布式系统的误差远高于非分布式系统。通过将步长减半,非分布式系统中的误差减少百分比为 12.61%,而分布式系统中的误差减少 25%,耦合特性本身可能成为误差发生的源头。这种误差的根本原因在于,并非每个系统状态都可用于分布式系统的另一部分,只有系统之间的耦合变量才可交换。

与传统测试和验证方法相比,互联网分布式测试和验证方法存在两个难点。一是 QoS 性能恶化会影响发送和接收数据的同步性,并且 QoS 性能取决于互联网连接的当前状况。对于汽车测试和验证,需要对分布式系统的实时性能提前进行测试和检查工作,以确保有效的互联网连接。二是由于分布式系统的特征,即使系统在理想情况下没有任何延迟,也会在分布式系统中发生一定误差。因此在系统设计阶段,应考虑耦合点选择。

1.4 互联网分布式测试验证在汽车领域的应用

互联网分布式测试验证越来越受到重视,并且在诸如地震模拟[55]和远程操作[56]等领域已经有了应用。然而,在汽车测试验证领域,现有研究工作较少,其中大部分都集中在控制理论方法上。此外,还将讨论分布式系统的设计和其他考虑因素,即确定分布式系统在测试中的性能的主要因素。

1.4.1 分布式测试验证控制理论方法

- 基于观测器的方法

燃料电池汽车动力系统分布式测试数据传输研究

互联网分布式测试验证的最早应用实例，是2006年由美国坦克汽车研究开发和工程中心（TARDEC）完成的。它将分布在两个不同位置的驾驶模拟器与混合动力系统连接在了一起。除了物理组件外，系统中有两个模拟部分，作为观测器，用于通过交换速度、转矩、节流阀、转向和制动器等驱动器输入与物理部件的相互作用。由于分布式系统的两地都包含动力总成模型和车辆动态模型，无论是物理还是虚拟的，都存在互联网延迟、抖动和丢包，存在两种分布式系统状态差异。因此，采用状态收敛方法来确保一个系统能够跟随另一个系统[53]，可实现状态收敛[57]。

Goodell等人的实验证明，该方法能够直接利用驾驶员的输入信号来实现模型控制，但只能应用于线性模型；若用非线性模型实现，会出现可实现性和可控性之间的权衡问题[58]。

Tandon等人提出了一个基于观测器的系统框架，可以不需要每一方的准确的动态模型，因为建立系统的所有组成部分的准确动态模型是不必要的，并且互联网分布式测试和验证的意图相冲突[59]。通过滑模控制方法，经发动机远程实验证明，即使时间延迟可变，该方法也能够减轻分布式仿真中互联网延迟问题的负面影响。

- 基于事件的方法

美国坦克汽车研究开发和工程中心（TARDEC）与密歇根大学（UM）联合提出了一种基于事件的解决方案，以进行互联网分布式硬件在环仿真（ID-HIL）实验[60]。其中驾驶模拟器和车辆动态模型位于TARDEC，而发动机、传动系统模型和怠速控制器模型位于UM。TARDEC中的系统作为客户端，UM中的系统作为服务器，通信对话由TARDEC中的客户端系统启动，UM服务器响应所收到的数据包。使用UDP协议以50ms的时间步长发送数据分组，以最小化传输期间的延迟。在发送抖动较大且数据包乱序的情况下，较旧的数据包被丢弃，较新的数据包被利用，这种方法确保整个系统的响应时间最小化，适用于互联网分布式测试和验证过程。在平均125 ms延迟的传输条件下，实验证实了所有三个测量变量中可接受的误差，轴转矩的最大误差为11.46%。

- 迭代学习控制方法

在测试期间确保保真度的另一种方法是迭代学习控制（Iterative Learning Control，ILC）方法[61-63]。ILC方法是一个离线的独立控制器，能够在每个时间步长存储一个特定变量的值，然后根据学习算法调整控制输入，以减少下一次测试运行中的错误，根据以下迭代

$$u_i^{m+1} = f(u_i^m, e_i^m) \qquad (1.1)$$

式中，u和e分别是在测试运行中包含整个时间间隔内的每个值的控制输入向量和误差向量。发动机在环实验的研究证明，在15次迭代之后，耦合变量误差减

少超过70%。ILC方法是确保分布式系统保真度的有效方法，但ILC有非单调收敛趋势。此外，ILC只能独立地应用于每个耦合误差，即一个ILC控制器控制一个耦合变量，不能考虑耦合变量之间的相互作用，并且难以将该方法扩展到进一步的应用。Ge等人提出了一种规范的最优迭代学习控制方法（NO‑ILC），使用递归方法来估计系统马尔科夫参数，在示例中，NO‑ILC被扩展到MIMO系统[63]。

- 基于模型的预测控制

在传统的基于网络模型的预测控制方案（NMBPC）的基础上，Rahmani等提出了Plant Input Mapping（PIM）离散化技术，保证了闭环稳定性能[64]。在常规NMBPC方法中，一侧的控制器产生一系列稳定控制输出，每个输出与预定网络时间延迟相关联；另一侧的延迟补偿器以一定的延迟从控制器接收输出信号，然后从与延迟匹配的范围中选择适当的控制输出，以完成控制过程。基于这一方法，即使网络延迟较大，也保证了稳定性离散化连续时间控制。然而，这种技术现在仅在分布式SISO系统中得到验证。

另一种克服NMBPC的延迟稳定性问题的方法在某种程度上也属于基于事件方法的变体，即选择性控制方法（VSC）。在该方法中，仅当接收到来自另一侧的控制器新的输入信号时，才执行一侧的系统输出，其他控制策略与常规NMBPC方法相似。要实现闭环控制，必须离线计算适当的离散时间模型。VSC方法被证明具有针对相对较大的网络时延和丢包的容忍性[65,66]。Rahmani等进一步将此方法应用于基于互联网的硬件在环系统，其中发动机的燃料控制单元（FCU）为测试和验证的对象[67]。互联网分布式FCU测试的结果表明，与本地分布式FCU测试系统（仅包括恒定的执行器延迟）相比，大时延（包括互联网传输引起的可变延迟和由于执行器延迟引起的恒定延迟）需使用逆补偿方法[68]。

虽然，基于传统NMBPC方案的这两种方法只有在系统的传输特性被建模或识别之后才适用，这增加了实现的难度和复杂性，但它们仍然是汽车领域基于互联网的测试和验证较优的解决方案。

- 分数阶PI控制

分数阶控制器现广泛应用于网络控制系统，具有较大抖动裕度的优点[69]。抖动裕度即系统容忍多少额外的延迟来维持稳定的指标[70]。Bhambhani等将一个最佳分数阶PI（OFOPI）控制器实现到称为"智能车轮"的网络控制系统，该系统是通过互联网进行远程控制的自动车轮[71]。

OFOPI控制方法也属于基于模型的方法，因此在确定控制器参数之前，应进行系统辨识。为了验证OFOPI控制器的优势，将OFOPI和最佳PID（OPID）控制器进行仿真对比，以研究基于两个互联网连接的随机往返时间延迟的车轮的转向速度。结果证明，与 OPID 控制器相比，OFOPI 控制器具有更快的响应以及更高的抖动裕度，在实时环境中进一步的硬件在环实验，证实了前文中的结论[72]。

基于 OFOPI 控制器的改进控制方案由 Mukhopadhyay 等提出，对于互联网延迟的一定分布模型，控制器有一个相对应的最优 α 值，可以获得比任何其他 α 值更好的性能[73]。因此，根据当前的互联网延迟特性，在实时测试之前，应慎重选择 OFOPI 控制器中的分数阶值。

Tejado 等人通过应用分数增益调度控制器（FGSC）来完成智能车轮的互联网分布式硬件在环测试，提高了现有 OFOPI 方案的性能[74,75]。增益调度器根据由网络延迟估计器给出的参考，经由外部增益 β 来修改控制器输出，其功能是基于往返时间延迟测量来估计当前网络条件。它的稳定性与 OFOPI 控制器相比，在模拟和实时实验的结果上都体现出更好的稳定性，特别是在存在大的互联网延迟的情况下。为了使控制器更具延迟自适应性，Tejado 等进一步将 FGSC 改进为分数增益和阶调度控制器，其外部增益 β 和内部控制器分数阶数 α 均可变。

OFOPI 控制器的另一种性能提升方法是分数广义预测控制器（FGPC），其原理是通过最小化其中的成本函数来进行闭环控制。FGPC 适用于噪声环境，与 PI 控制器和 OFOPI 控制器相比，即使延迟较大，它也能够保持稳定性和较小的超调[76]。

- 神经网络延迟预测

神经网络由于具有很好的处理非线性系统的能力而被引入互联网延迟预测工作[77,78]。Rahmani 等还提出了一种用于互联网分布式系统的神经网络延迟预测方法[79]。该方法使用 MLP（Multi-Layer Perceptron）神经网络进行互联网延迟预测，并且通过可变的离散时间反馈控制来进行补偿。基于实时分布式测试的结合神经网络预测反馈控制补偿，显示出延迟预测的强近似能力。然而，该方法必须通过仿真与测试前的离线训练完成，一旦互联网环境发生变化，需要重复训练，从而增加了分布式系统的实施难度。神经网络的无监督在线学习或自组织方案，是这种缺陷的可能解决方案[80]。

以上文献所提及的分布式系统验证控制理论方法，有利于分布式系统的布局及优化，对影响分布式系统性能的因素有一定的隔离作用，但是以上方法主要针对的是时延小于 100ms 的情况，对于大时延情况下是否适用还需要讨论，并且它们也都没有考虑数据包丢失的情况。

1.4.2 分布式测试验证设计及评估方法

由于互联网的 QoS 特性，适合系统的合适控制理论方法非常重要。此外，还应考虑系统设计、系统集成以及测试结果评估等其他因素，以完成分布式系统设计及评估方法[81]。

- 耦合点选择方法

在互联网分布式系统中，耦合点将不同的物理和虚拟组件分为两个或多个部分。要将本地系统重建为分布式系统，应慎重选择耦合点，以确保更好的仿真准确性。Ersal 等讨论了耦合点选择对互联网分布式系统中的失真的影响[61]。为了系统地量化仿真失真，提出了基于灵敏度概念的频域度量。灵敏度定义为参考动态相对变化与远程动力学相对变化的比值。灵敏度的计算取决于本地系统和远程系统的传输特性。较小的灵敏度意味着仿真结果的较小失真。

- 互联网连接状况不佳的应对

车辆及其系统的闭环测试和验证通常涉及驾驶模拟器和驾驶员。互联网连接状况不佳，意味着大延迟和高丢包率，可能导致无法实现实验期望。另外，还存在由于互联网连接状况不佳导致的不可控部件，对人员造成伤害并损坏设备的可能性。因此，互联网分布式系统应设计成使实验过程保持不间断，同时实验中的人员和设备处于安全状态，以应对互联网连接状态的变化。

TARDEC 中的互联网分布式动力总成系统，利用误差阈值来监测状态收敛[57]。一旦误差超过设定的阈值，物理动力系统成分脱离，驾驶模拟在独立模式下继续进行实验，这时物理动力系统将被局部虚拟动力系统所取代，实验变为本地分布式硬件在环测试。该方法的优点是，远程的物理子系统作为收敛观测器在本地提前建模，并且在较差的连接条件下作为远程子系统的代理，从而实现即使断开数据传输也不影响实验的一致性。然而通常情况下，系统建模或系统辨识时间成本较高，并且可能会受到某些限制（例如商业机密性）。

Georg 等使用外推技术来实现实时协同仿真[82]。宏时间步长 ΔT 为分布式系统之间的耦合数据交换的时间间隔，他给出了三种不同的外推方法，即零阶外推（零阶保持，ZOH），一阶外推（一阶保持，FOH）和二阶外推（二阶保持，SOH）。宏时间步长由于互联网延迟的增加而增大时，这些外推方法得到的结果可能会变差，因此外推方法必须与纠错技术结合，以获得可靠的结果。通过应用在线系统识别的基于模型的外推方法，作者提出了一种基于模型的耦合策略（MBC），能够在同时运行分布式实时仿真的同时进行系统辨识[83]。结合扩展卡尔曼滤波（EKF）方法，在获得足够参数值的学习周期之后，可以激活 MBC 方法以开始校正外推。与没有 MBC 策略的外推方法相比，基于 MBC 策略的外推方法使得速度振荡显著减少。

对于非线性在线系统辨识，Ren 等采用了具有学习算法的延时神经网络模型来执行同时的系统识别以及时间延迟估计[84]。Biradar 等还使用基于梯度的算法进行在线系统识别的神经网络[85]。随着神经网络在每次迭代后继续学习，输出的误差逐渐减小。虽然这些在线识别技术仍然缺乏在汽车领域的具体实验验证，但它们提供了分布式测试和验证的方法和思路，在互联网连接状况不佳和大时延下，使系统的可靠性和互联网 QoS 条件得以保证。

- 互联网分布式系统透明度分析

透明度这一评估指标首先在远程操作和触觉区域被引入，用于描述与非远程操作相比的真实性程度。Lawrence 等将阻抗用来关联系统每端的速度和力，如果分布式系统完全透明，则两端的两个阻抗参数应该相同[88]。这项指标也在远程手术研究中得到广泛应用[86,87]。Yokokohji 等引入了信号传递过程传递函数差异的积分，来评估远程操作的透明度[89]。Griffith 等提出了透明度评估的失真度量，这是系统的期望和实际传输特性之间的误差的表达，零失真意味着整个系统具有理想的透明度[90]。Koehler 等将透明度定义为耦合输出和输入传递函数多项式之间的加权距离。在这种情况下，理想的透明系统具有相同的耦合输入和输出，加权距离为零，该度量也适用于 MIMO 系统[91]。

还需指出，上述透明度的四个度量在线性系统中是可用的，其中每个子系统的传递特性被预先给出，对于具有随机互联网传输性质的非线性系统，其实用性有限。Ersal 等引入了一种适合互联网分布式测试和验证实验的统计透明度分析方法[92]。对于互联网分布式发动机在环测试，计算四种不同测试配置的标准偏差，通过方差分析可考量不同配置的显著性水平。

透明度评估是互联网分布式测试和验证过程的必要过程，它指出了系统优化和改进的方向。当实验的配置从局域网转移到互联网时，如果透明度变化较小，则在这种情况下，透明度下降的主要损失来源是分布式系统的特征本身，而不是互联网延迟。此时系统优化的主要方向应为耦合点选择，而不是最小化互联网延迟。

以上文献提及的分布式系统验证设计及评估方法，对分布式系统具体设计和测试方案的制订具有指导意义。它们给出了几种测试效果评估方式，但是能否适用于本书所涉及的分布式系统方案，仍有待讨论。

1.4.3 用于互联网分布式测试验证的软件和商业解决方案

- Model. CONNECT™

Model. CONNECT™ 是一个能够集成虚拟组件和实际组件的软件平台[93]。基于 AVL IODP（集成和开放开发平台），该软件适用于各种动力总成和车辆基于模型的开发，可以通过本地或互联网连接，将各种领域的多种仿真工具（如 AVL CRUISE、AMESim、MATLAB、ECS Kuli、Dymola、MSC Adams 等）与实际物理组件相耦合。基于 AVL Model. CONNECT™ 平台，Stettinger 等人提出了一种磁悬浮系统控制策略，可降低延迟、丢包和噪声的影响，并完成了分布式 HiL 实验，AVL Model. CONNECT™ 作为耦合中间件[94]。Tranninger 等给出了一种基于模型的耦合方法，来应对互联实时系统中难以消除的耦合误差，实现驾驶模拟器的实时协同仿真，AVL Model.CONNECT™ 平台可用于证明所提出的耦合方法的实际适用性和有效性。

- TISC 套件

TISC（TLK Inter Software Connector）套件由 TLK – Thermo GmbH 开发，为模拟和测试中的工具耦合提供了一个协同仿真环境[96]。TISC 套件由仿真层和控制层构成，其中仿真层包括 TISC 服务器和各种辅助工具，如 MATLAB/Simulink、LabVIEW、Ansys、Adams、Modelica 等，其主要职责是通过 TCP/IP 进行各个工具之间的数据交换和同步，使不同工具中的模型可并行执行，或在不同的计算机上执行。控制层包含一个控制服务器，它允许对协同仿真中使用的工具进行集中配置和控制，如模型选择和参数化。硬件组件也可以使用 TISC Suite 连接到协同仿真网络，从而实现硬件和 TISC 服务器之间的双向通信。其他相似平台和解决方案还包括 xMOD™、ICOS、SPRINT、ADI 等。

以上几种分布式测试验证的软件和商业解决方案，为分布式系统的参数设置提供了重要参考。

1.5 X – in – the – Loop 测试验证方法

在复杂系统的开发过程中，往往会出现组成系统的部分软硬件缺失的场景，在该情况下难以构成整套测试闭环。为了克服这类测试方法的劣势，研究者引入了另一种称为 X – in – the – Loop（XiL）的汽车测试和验证方法，旨在针对日益复杂的整车系统，集合了驾驶员和环境的模型及实物，是一种新型的整车开发和验证平台[97,98]。该方法是由基于模型的研究开发方法（Model based Development, MBD）进一步发展而来。X – in – the – Loop 中的 X 代表不同开发阶段的不同控制对象，从而形成了包括模型在环（Model – in – the – Loop, MiL）、软件在环（Software – in – the – Loop, SiL）、硬件在环（Hardware – in – the – Loop, HiL）等不同测试场景。通过突破物理连接的限制，X – in – the – Loop 提供了一种新的汽车产品测试和验证方法，为未来汽车行业提供了更多的可能性。

X – in – the – Loop 的概念还可扩展到更广泛的意义上，使得可以将三个相互作用的系统，即驾驶员、车辆和环境整合到一个框架中。其中"X"为测试单元（Unit Under Test, UUT），指在当前开发过程阶段正在研究和测试的对象[99]。这里的"UUT"一词是一个广义的含义，意味着被测对象可能是一个真实的被测对象，或是一个虚拟的模拟单元[100]。在不同阶段中，UUT 可以是控制策略的代码，或子系统中的某个组件，甚至是整车[97,99]。为了实现闭环控制，环中的其余部分可用模型替代。图 1.6 为汽车动力系统的 X‑in‑the‑Loop 框架，其中不同的层级指的是不同的开发阶段[97]。该框架清楚地显示了四个部分的整合：X‑in‑the‑Loop 测试对象、其他部分的仿真、驾驶员以及环境。

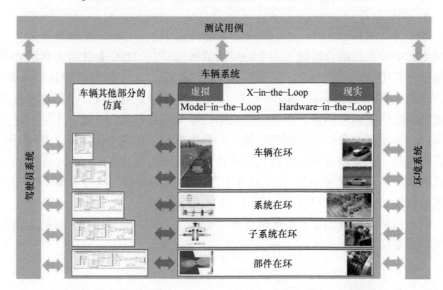

图 1.6　基于 X‑in‑the‑Loop 的动力系统测试平台架构

图 1.7 给出了某混合动力汽车的开发验证过程[101]。在从建模到道路测试的整个工作流程中，确定的里程点代表了系统的真实性，并且是该阶段开发成熟程度的反映。表 1.4 列举了在卡尔斯鲁厄理工学院产品工程研究所（IPEK）进行的若干验证和研究项目。

	VE1：仿真	VE2：考虑驾驶性能的混合原型车	VE3：测功机	VE4：道路测试
驾驶员	模型(V)	驾驶员(P)	驾驶控制模型+驾驶机器人(V+P)	驾驶员(P)
动力系统	模型(V)	模型(V)	执行器(P)	执行器(P)
车辆其他部分	模型(V)	阻力模型+车辆(V+P)	车辆(P)	车辆(P)
环境	模型(V)	不可控(P)	阻力模型+车辆+物理环境(V+P)	不可控(P)
验证重点	模型分析验证	评估	分析评估、验证	分析评估、验证

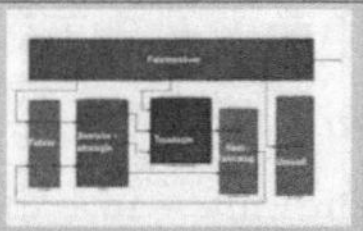

VE：验证环境，V：虚拟，P：现实

图 1.7　动力系统的验证环境

表1.4 使用 XiL 框架的 IPEK 汽车产品开发验证研究实例

项目描述	年份	参考文献
Implementation a Vehicle – in – the – Loop layer on the roller test bench that enables the combination of real/virtual drivers and a virtual environment	2008	[102]
The analysis of a gear unit as a subsystem of the powertrain using the approach for efficient and purposeful experiment design and test facility selection	2010	[103]
The NVH phenomenon evaluation of a gear rattle in different X – in – the – Loop layers	2010	[104]
Model – based test bench data monitoring and validation based on the concept of XiL Framework	2010	[105]
Analysis of clutch judder due to geometrical deviations on a XiL – based test bench	2010	[106]
Introduction of a new test bench for clutch system testing suitable for XiL validation conditions	2013	[107]
Measurement and interpretation of the acoustic properties of the powertrain of a EV based on the concept of XiL Framework	2013	[108]
An eDrive – in – the – Loop Test Bench consisting of physical powertrain and vehicle control unit with virtual battery model	2013	[109]
The Application of the advanced X – in – the – Loop Framework to develop energy – efficient vehicles	2013	[110]

通过这个框架，开发人员能够更好地了解某个部分与其他三个部分之间的关系或相互作用，以及部分对整个系统的影响。事实上，X – in – the – Loop 方法并不限于汽车产品开发，也可以应用于其他产品的开发过程，它的目的是降低错误发生的风险，并在早期实现关键功能的验证[111]。

1.6　X – in – the – Loop 场景设计

X – in – the – Loop 方法可集成仿真模型和真实组件，并充分应用现有工具和方法，可充分考虑驾驶员和外界环境对于需求和开发过程的影响。该方法的核心是当测试中出现部件缺失的情况时，利用模型或代码替代缺失部件，实现软硬件结合测试。

构建合适的应用场景是 X – in – the – Loop 方法的重点之一，因此构建合适且典型的测试场景，确定哪些测试项目可以实现，是应用 X – in – the – Loop 方法的重要工作。

X – in – the – Loop 方法中的 Model – in – the – Loop，即模型在环，意指被测

对象的存在形式为模型，利用环内其他部件的软件或硬件形式，对模型进行验证和标定。模型在环的测试结果是软件在环的重要参考。Software – in – the – Loop，即软件在环，意指被测对象的存在形式为代码，利用实时仿真平台与环内其他部件的软硬件进行数据交互，从而对代码的准确性进行验证。Hardware – in – the – Loop，即硬件在环，在传统 V 模式开发中，指实际控制器与虚拟控制对象组成的仿真系统。在 X – in – the – Loop 方法中，硬件在环的范围由狭义的控制器扩展到广义的硬件，即被测对象的存在形式为硬件，利用环内其他部件的软硬件对被测硬件进行测试验证[98]。

在燃料电池动力系统的测试验证中，主要涉及的模型包括燃料电池模型、蓄电池模型、DC/DC 模型、电机模型、整车模型、控制策略模型、驾驶员模型等，其主要信息见表 1.5。

表 1.5 模型参数

模型名称	模型输入	模型输出	特征参数	模型算法描述
整车	目标车速	驱动力、车轮转速	整车质量、各阻力参数	—
燃料电池	燃料电池需求功率	燃料电池实际功率	燃料电池效率、电流、电压、温度、氢耗量、开路电压、最大工作电流、电堆最大功率	—
蓄电池	蓄电池需求功率	蓄电池实际功率	蓄电池效率、电流、电压、SOC	—
DC/DC	DC/DC 输入功率	DC/DC 输出功率	DC/DC 效率	—
电机	电机输入功率、目标转速转矩	电机实际功率、实际转速转矩	电机效率	—
控制策略	总需求功率，燃料电池实际功率，蓄电池实际功率	燃料电池需求功率、蓄电池需求功率	蓄电池 SOC	恒温器策略、功率跟随策略等
驾驶员	目标车速	踏板开度	—	PID 控制器

1.6.1 同步性方法设计

由于测试设备包含众多硬件设备，并且硬件设备的通信协议不同。因此还需对测试设备的同步性进行设计。

首先，基于燃料电池汽车动力系统的测试需求，构建出通信架构及网络拓扑，如图 1.8 所示。该通信架构包括系统协调网络、业务核心网络、数据核心网络、车载兼容网络和设备控制局域网。其中，系统协调网络采用以太网通信，业务核心网络采用 MODBUS 通信；数据核心网络用于模型数据的通信和燃料电池发动机测试数据的通信，对数据实时性要求较高，因此采用反射内存的通信方式；车载兼容网络采用 CAN 通信；设备控制局域网络即为测功机和服务器等高速设备与主控系统的通信网络，采用 EtherCat 通信。

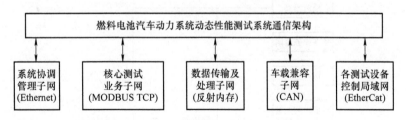

图 1.8　通信架构及网络拓扑

该系统应用 NTP（Network Time Protocol，网络时间协议）网络同步技术。NTP 是由 RFC 1305 定义的时间同步协议，用来在分布式时间服务器和客户端之间进行时间同步。NTP 基于 UDP 报文进行传输。使用 NTP 的目的是对网络内所有具有时钟的设备进行时钟同步，使网络内所有设备的时钟保持一致，从而使设备能够提供基于统一时间的多种应用。对于运行 NTP 的本地系统，既可以接收来自其他时钟源的同步，又可以作为时钟源同步其他的时钟，并且可以和其他设备互相同步。

设备可以采用多种 NTP 工作模式进行时间同步，这里选择"客户端/服务器模式"（Client/Server，C/S）。在客户端/服务器模式中，客户端向服务器发送时钟同步报文，服务器端收到报文后会自动工作在服务器模式，并发送应答报文，客户端收到应答报文后，进行时钟过滤和选择，并同步到优选的服务器。

接着，进行系统实时性保障与设计。在一般情况下，一个操作系统负责管理计算机的硬件资源和在计算机上运行的应用程序。该操作系统主要部署在实时性保障计算机中，其对于通信数据和系统状态的判断最终会产生诊断策略和故障信息，指导协调系统解决当前问题。

其次，实施管理配置层在实时测试中将实时操作系统作为测试系统的一部分。与使用通用操作系统相比，推动实时测试系统最常见的需求是需要实现更高的可靠性和更高的性能。

最后，进行同步授时方法与规则的设计。整个系统授时工作是基础性设计，涉及诸多关键数据同步。授时工作主要包含如下部分业务：网络授时协议支持、时间标记、同步时钟（心跳脉冲）。同步授时方法示意图如图 1.9 所示。

主服务器作为网络通信的服务器和数据库所在地主要负责服务器搭建和数据存储的功能。数据以固定格式和寄存器地址传递，格式中包含数据校验和协议固有特征，在应用层每段数据都由时间标签和有效时间组成。实时性保障计算机校验每段数据自有效性以及相互校验，相互校验过程基于网络设计的冗余性，同时

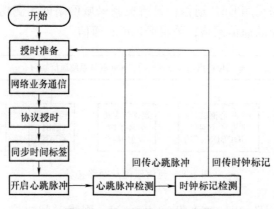

图 1.9　同步授时方法示意图

系统状态上通过总线回传心跳脉冲,心跳脉冲是系统同步性和活跃性的重要指标,本系统设计中处于任务状态的执行主机都要发送心跳信号;凡是接入系统的任务主机也要更新心跳信号和状态标识。

1.6.2　Model – in – the – Loop

Model – in – the – Loop（模型在环）的测试验证对象为模型,组成环的其他部分为硬件或软件。可利用动力系统主要部件模型作为测试验证对象,模型运行环境为实时仿真器。当燃料电池模型/蓄电池模型作为测试验证对象时,主控系统将燃料电池模型/蓄电池模型与电源模拟器相连,电源模拟器产生的电能由负载系统（电驱动系统或电子负载）消耗,从而实现燃料电池/蓄电池模型在环。当电驱动系统模型作为被测对象时,电驱动系统需求功率由工况信息决定,该需求功率直接由电源模拟器提供,由负载系统消耗,不受电源模型的电流电压特性约束。

图 1.10 为一种模型在环典型场景,即燃料电池模型测试验证,该场景利用实时仿真器、电源模拟器和测功机等硬件和蓄电池模型、电驱动模型、整车模型等模型来实现燃料电池模型的验证。工况信息可由驾驶模拟器采集,或由后台数据库提供。主控系统的主要功能为任务调度、运行整车模型与控制策略模型、通信调理等。实时仿真器主要运行动力系统关键部件模型,包括燃料电池及辅助系统和蓄电池等。电源模拟器的主要功能为根据模型数据提供电流电压信号,并向电驱动系统输出。其中燃料电池模型、蓄电池模型、电驱动模型和主控系统中的整车模块（实现整车模型功能）,构成了一个完整的燃料电池动力系统模型。

主控系统调用数据库中的工况信息,由主控系统的整车模块计算行驶阻力。根据行驶阻力,由电驱动模型提出功率要求,并由燃料电池发动机模型给出功率响应,该功率响应发往电源模拟器,该电源模拟器根据燃料电池发动机模型的输

第 1 章
绪 论

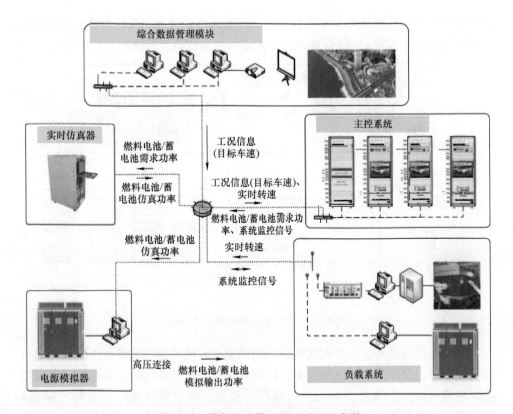

图 1.10 燃料电池模型测试验证示意图

出特性，产生模拟燃料电池发动机的电压信号，该部分产生的能量由负载系统消耗。若负载系统为电机-测功机系统，则输出实时转速信号，由驾驶员模型根据期望车速和实际车速的差值调整电机转矩。利用此类架构，可实现燃料电池模型的测试验证，特别是燃料电池汽车动力系统的匹配测试，即在燃料电池缺失的情况下，利用模型与电源模拟器，构成完整动力系统。

与全仿真和纯实物测试相比，使用模型在环的测试方法，可完成测试链中部分测试设备实体缺失情况下的测试验证；在测试验证过程中，可充分利用现有测试设备，将被测模型的输出信号输入相关测试设备中，实现模型信号的实时动态检测。

1.6.3 Software-in-the-Loop

Software-in-the-Loop（软件在环）的被测对象为代码，组成环的其他部分为硬件或软件。当被测对象为系统控制策略时，将系统控制策略生成代码，利用软件在环平台，与动力系统模型连接，实现策略验证功能，如图 1.11 所示。当被测对象为系统控制策略和动力系统模型时，可将系统控制策略与动力系统模型均生成代码,利用软件在环平台验证。当被测对象为动力系统关键部件控制策略时(如电驱动系统),则将该部分控制策略生成代码,其他部分仍为模型。

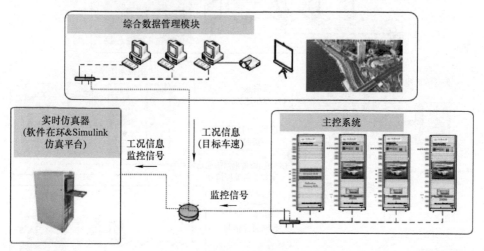

图 1.11 系统控制策略验证示意图

软件在环测试可进一步实现模型的测试验证,使得被测模型所生成的代码可应用于硬件。软件在环测试举例中,代码和模型均运行在实时仿真器中,在虚拟实时环境中将生成的 C 代码用于控制部件模型,实现软件在环平台与 Simulink 仿真平台的联合仿真,借助实时仿真,改进和测试控制策略。

在 X‑in‑the‑Loop 方法指导下的软件在环,可将代码验证平台与动力系统测试设备连接,将被测代码的输出信号输入相关测试设备中,实现实时动态检测。由于实验条件所限,基于该测试平台的软件在环场景局限于包含被测代码‑模型、被测代码‑模型代码两类场景。

1.6.4 Hardware‑in‑the‑Loop

Hardware‑in‑the‑Loop(硬件在环)的被测对象为硬件,组成测试环的其他部分为硬件或软件。由于测试手段的软硬件组合方式灵活,可完成多种硬件在环测试验证。

当被测对象为燃料电池发动机或动力蓄电池,即动力源部件时,可调用电源模拟器充当负载,或使用真实的电驱动系统充当负载。当被测对象为电驱动系统时,可利用真实的燃料电池发动机或动力蓄电池,或调用电源模拟器,作为动力源。测试所需其他部件可使用模型或实物。当被测对象为控制器时,该测试场景符合传统意义上的硬件在环,除控制器为实体,其他部分均为模型。

图 1.12 为基于该测试平台应用的一种硬件在环典型场景,即利用实时仿真

器、电源模拟器和测功机等硬件和燃料电池模型/蓄电池模型等模型来实现电驱动系统的匹配与性能测试。

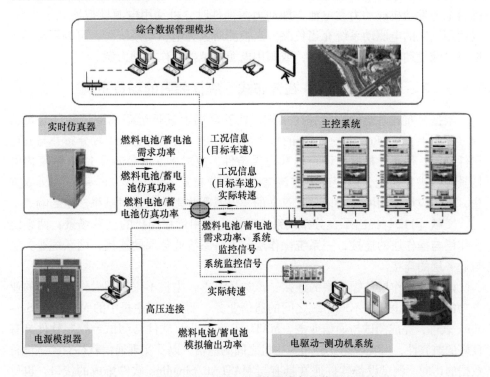

图1.12 硬件在环－电驱动系统匹配与性能测试示意图

在该类场景下，主控系统从综合数据管理模块调用工况信息，并利用系统控制策略模块和整车模块求得燃料电池发动机和蓄电池的需求功率，电源模拟器根据燃料电池发动机模型和动力蓄电池模型并联后的特性产生电流电压信号，并为电驱动系统提供能量，电驱动系统工作并拖动测功机。利用此类架构可实现在动力源部件缺失的情况下，燃料电池汽车动力系统的电驱动部分的匹配与性能测试。

在 X－in－the－Loop 方法中，硬件在环的定义由硬件仅指代控制器扩展为硬件指代被测对象，测试链中的其他部分可以为真实对象，也可用模型代替。因此利用 X－in－the－Loop 方法可构建灵活的硬件在环测试系统，实现动力系统关键部件的匹配和性能测试。

通过以上场景分析可总结：①模型在环：可利用动力系统主要部件模型作为测试验证对象，当燃料电池模型/蓄电池模型作为测试验证对象时，主控系统将燃料电池模型/蓄电池模型与电源模拟器相连，电源模拟器产生的电能由负载系统（电驱动系统或电子负载）消耗，从而实现燃料电池/蓄电池模型在环；②软件在环：当被测对象为系统控制策略时，将系统控制策略生成代码，利用软件在环平台，与动力系统模型连接，实现策略验证功能；③硬件在环：当被测对象为燃料电池发动机或动力蓄电池，即动力源部件时，可调用电源模拟器充当负载，或使用真实的电驱动系统充当负载，当被测对象为电驱动系统时，可利用真实的燃料电池发动机或动力蓄电池，或调用电源模拟器，作为动力源。

1.6.5　X – in – the – Loop 在分布式系统框架内的场景用例

根据分布式系统的文献综述可知，在互联网上进行远距离测试验证是可行的。原则上，X – in – the – Loop 的每个组件都可以在不同地理位置分布并与其他组件联网。但是，根据验证目标和边界条件，应对 X – in – the – Loop 框架内的场景用例进行讨论，以便确定应该怎样结合分布式系统与 X – in – the – Loop 方法，哪些应用使用网络验证是有意义的，以及哪些影响因素对结果产生影响。

文献 [112] 提出了在分布式系统架构中应用远程连接的三种场景：两系统操作层与操作层的连接，一系统操作层与另一系统业务层的连接，两系统业务层与业务层的连接。

两系统操作层与操作层的连接：该类场景中，主机不仅处理操作层本身的业务功能，同时也完成不同系统之间的通信业务。例如运用主机中的 MATLAB/Simulink 软件，完成测试与通信业务，MATLAB/Simulink 软件与测试台控制软件具有良好的兼容性，可实现建立分布式主机之间的通信，以及实现通信软件对测试设备数据的访问。测试设备软件通常具有与 MATLAB/Simulink 软件集成的接口，也可用于在线数据传输。大多数情况下不需要额外的硬件和软件且编程工作量较少。主机可能需要额外的网卡来分离与测试设备的通信以及与其他主机的通信。

一系统操作层与另一系统业务层的连接：该情况下，一台主机可以控制多个测试设备，节省了主机的成本。所有涉及的测试设备允许访问中央主机。出于安全等原因，在许多情况下，仍然需要本地主机来监控本地测试设备并在紧急情况下进行本地控制。测试设备的通信发生在中央主机内。因此，必须在主机中实现不同特定测试软件之间的数据交换。

两系统业务层与业务层的连接：该类场景中，由于测试设备的数据处理时间总是在一定的时间间隔内得到保证，因此该类场景的连接是三类场景中最快和最稳定的。但是该类场景下必须为测试设备提供用于在线数据传输的通信接口。由于测试设备的控制应该同时从操作层开始，因此不得中断目标与其自己的主机之间的连接。出于安全原因，交换的信号也应操作层可见。

分析三种场景，可知第一种场景最容易实现，只需将两系统的主机进行连接即可，可实现跨部门和公司使用。第二种场景往往适用于内部使用，第三种场景二者均可使用。

此外，分布式系统应用 X-in-the-Loop 方法还需考虑以下三个因素：是否需要考虑系统间耦合，将系统整合到本地的成本，以及网络连接。因此根据以上因素，可用图 1.13 度量分布式系统网络化原则[113]。

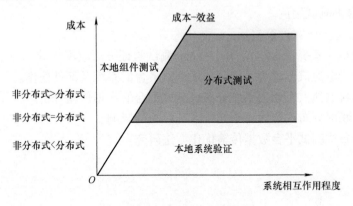

图 1.13　分布式系统网络化原则

1.7　本章小结

互联网等新技术可统筹不同地区或不同领域的开发平台，节省开发和测试的时间和成本。基于互联网分布式测试和验证方法，可以将分布在两个或多个位置的组件集成在一个测试系统中。虽然这些新的测试和验证方法为汽车行业提供了优势，但它们也为研究人员和测试人员带来了新的挑战。

挑战主要包括两个方面。一是分布式系统之间的互联网 QoS 参数产生的影响。对于互联网分布式测试和验证，延迟、抖动和丢包是需要关注的 3 个参数。在设计分布式系统时应考虑耦合点选择，以便使结果失真最小化。

在汽车领域，运用互联网分布式系统的部分应用，包括控制理论方法以及系统设计和评估技术。其中控制理论方法多来源于远程操作等其他领域，但在汽车领域也实现了仿真和测试的具体应用。除控制理论方法外，分布式系统设计和评估技术也非常重要。分布式系统应在何种耦合方式实现最佳性能，应考虑哪些因素，确保即使互联网传输质量恶化也能实现其功能，并且可以通过哪种方式对实验结果进行评估和比较研究，是值得探究的问题。

另外，现阶段燃料电池汽车产业发展还未完善，开发测试验证体系不够完备，现有的开发验证方法难以完全满足要求。因此引入了一种称为 X-in-the-Loop（XiL）的汽车测试和验证方法。基于燃料电池汽车动力系统测试的现状，引入 X-in-the-Loop 开发测试验证方法。明确了 X-in-the-Loop 开发测试验证方法具体化到模型在环、软件在环、硬件在环的定义。为了保障软硬件的同步性，设计了时钟同步方法。随后对模型在环、软件在环、硬件在环的应用场景进行分析。本章提炼出的测试场景，可为后续基于互联网的汽车动力系统分布式测试平台提供测试用例。

本书的主要研究内容包括：
1) 分布式系统及 X – in – the – Loop 测试验证方法应用场景。
2) 燃料电池汽车动力系统分布式测试平台的系统及部件建模。
3) 燃料电池汽车动力系统分布式测试平台的数据传输分析。
4) 互联网分布式传输对于几种系统性能的影响。
5) 分布式测试平台数据传输优化方法研究。

第 2 章 燃料电池汽车动力系统分布式测试平台

在明确了分布式系统架构与 X – in – the – Loop 应用场景之后，由于 X – in – the – Loop 的要求，为了完成汽车动力系统的 X – in – the – Loop 测试验证，需要对汽车动力系统进行建模。

2.1 建模类型选择

根据仿真过程中数据流的方向，可以把汽车仿真模型分为正向仿真模型和逆向仿真模型两大类。

正向仿真模型的数据流方向与实际系统能量流方向相同，并且具有驾驶员模型。驾驶员模型将驾驶员踏板信号指令转化为转矩、转速信号输出，参照整车控制策略，在整车控制模块中提出对动力系统的转矩需求，动力总成模型根据转矩需求，以及本身的转矩限制，为传动系统输出转矩，该转矩经转动系统到达车轮模型后，最终到达车辆模型，从而实现车辆行驶。正向仿真模型能够集成驾驶员在环仿真，更加真实地模拟车辆的运行状态，符合真实系统逻辑。

逆向仿真模型的数据流方向与实际系统能量流方向相反，该模型以循环工况为要求，计算动力系统各个部件需要提供的转矩、转速、功率等信息。该模型的数据流从车辆阻力模型出发，经过车轮模型、传动模型，最终反映到动力总成模型。该仿真过程不需要集成驾驶员模型，也不需要考虑动力系统的动态过程，计算速度较快，在系统开发设计阶段进行参数匹配、制定能量管理控制策略、进行能量管理控制策略验证时应用广泛。

汽车开发过程往往是正向仿真与逆向仿真相结合，首先利用逆向仿真的方法，设计控制策略，确定系统参数，再利用正向仿真的方法，对系统进行仿真和调试，对控制策略进行验证。

因此，结合汽车动力系统，本书总结了三种仿真模型：

1）将工况速度谱输入到阻力模型与车轮模型中，得到需求转矩、功率、转速信息，将该信息经传动系统模型传递到电机模型，功率需求信息传递到燃料电池和蓄电池,得到能量消耗与功率限制信息。该仿真模型为典型逆向仿真模型。

2)由于本书的仿真测试采用了 X – in – the – Loop 方法,因此当测试中出现部件缺失的情况时,利用模型或代码替代缺失部件,实现软硬件结合测试。所以本书在建模过程需考虑动力系统台架的参与,由于后续参与的实验台架为一电机 – 测功机一体化系统,该一体化系统一侧采用转矩控制,一侧采用转速控制,工况速度谱作为需求车速转化为电机转速输入驱动电机端(转速控制端),工况速度谱输入阻力模型生成阻力,该阻力转化为电机转矩输入测功机端(转矩控制端)。驱动电机一端为达到需求转速,在存在阻力的情况下,输出实际转矩,该转矩与转速的乘积即为功率需求,输入到燃料电池与蓄电池,得到能量消耗与功率限制信息。该模型实质上为逆向仿真模型。

3)考虑动力系统台架的参与,两侧均为转矩控制,工况速度谱输入驾驶员模型,驾驶员模型计算得到期望转矩输入到驱动电机端(转矩控制端),同时该转矩受到燃料电池与蓄电池的功率限制。该转矩与测功机端(转矩控制端)的阻力矩相平衡,得到的实际车速反馈到驾驶员模型。由于该模型中集成了驾驶员模型,该模型实质上为正向仿真模型。

由于本书旨在利用 X – in – the – Loop 方法,进行动力系统分布式测试,正向仿真模型更为符合仿真测试的客观需求,因此选择第三种仿真模型,作为仿真测试的结构。

本书所涉及燃料电池汽车动力系统如图 2.1 所示。动力源包括燃料电池和动力蓄电池,以实现快速动态响应和耐久性。燃料电池系统可以驱动电机并同时为

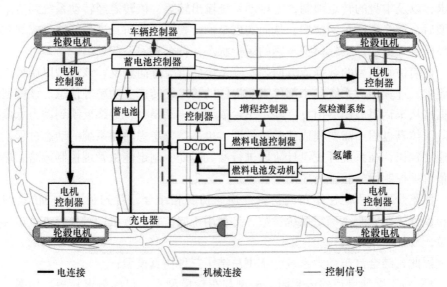

图 2.1 燃料电池汽车动力系统结构图

电池充电[114]。

2.2 汽车动力学模型

汽车动力学模型这里即指负载模型。汽车在路面上行驶过程中，车身和轮胎同时受到多重力的共同作用，如图 2.2 所示。

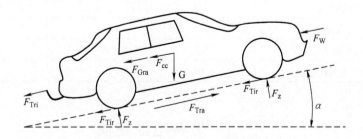

图 2.2 汽车行驶受力示意图[115]

为了满足行驶期间的功率需求，电机功率需满足下式的要求：

$$P_M = \sum P_{Tir} + P_W + P_{Gra} + P_{Acc} + P_{Tri} \tag{2.1}$$

式中，P_M 为电机总功率；P_{Tir} 为滚动阻力产生的功率；P_W 为空气阻力产生的功率；P_{Gra} 为重力沿坡道方向分力产生的功率；P_{Acc} 为加速阻力产生的功率；P_{Tri} 为拖车作用力产生的功率。

由于本书中不存在拖车，因此忽略拖车产生的影响。汽车行驶的牵引力与阻力的关系为

$$F_{Tra} = \sum F_{Tir} + F_W + F_{Gra} + F_{Acc} \tag{2.2}$$

式中，F_{Tra} 为汽车行驶的牵引力；F_{Tir} 为滚动阻力；F_W 为空气阻力；F_{Gra} 为重力沿坡道方向分力；F_{Acc} 为加速阻力。其中：

$$F_{Tir} = m_v g f_R \tag{2.3}$$

$$F_W = \frac{1}{2} C_W A \rho_a \dot{x}^2 \tag{2.4}$$

$$F_{Gra} = G \sin\alpha \tag{2.5}$$

$$F_{Acc} = \delta m \ddot{x} \tag{2.6}$$

式中，$\dot{x}$ 为汽车行驶纵向速度；$\ddot{x}$ 为汽车行驶纵向加速度。

整车参数见表 2.1。

表 2.1 整车参数

名称	参数值	单位	符号
整车质量	1300	kg	m_v
传动比	1	—	i_g
传动系统效率	92	%	η_T
轮胎半径	0.3	m	r_t
滚动阻力系数	0.012	—	f_R
风阻系数	0.33	—	C_W
迎风面积	2.04	m²	A
10℃海平面空气密度	1.2	N·s²·m⁻⁴	ρ_a
旋转质量转换系数	1.05	—	δ

2.3 燃料电池建模

燃料电池汽车以其续驶里程长、能源加注时间短、零排放和能源可再生等优势,被视为车辆电气化的重要方向。同时燃料电池作为动力源,具有动态响应慢等缺点。为了提升燃料电池的工作效率,改善燃料电池的工作环境,满足整车动力性和经济性等指标,动力蓄电池常与燃料电池共同使用,构成燃料电池汽车动力系统动力源。在燃料电池动力系统本地及远程仿真测试验证工作之前,需要对燃料电池的输出特性进行分析描述,详细刻画燃料电池的功率输出过程,因此需要建立与实际加载过程的燃料电池功率输出动态响应特性相符的燃料电池模型。

2.3.1 基于燃料电池等效电路的功率输出特性建模

质子交换膜燃料电池(Proton Exchange Membrane Fuel Cell,PEMFC)是由纯氢和作为氧化剂的氧气或空气一起供给燃料,两个电极中间由聚合体隔膜电解液隔离,每个电极的一面镀有铂金催化剂涂层,电极、催化剂、隔膜共同构成了电极组件,其阳极的氧化反应和阴极的还原反应如下列各式所示[116]:

阳极氧化反应:$2H_2 \rightarrow 4H^+ + 4e^-$

阴极还原反应:$O_2 + 4H^+ + 4e^- \rightarrow 2H_2O$

电池总反应:$2H_2 + O_2 \rightarrow 2H_2O$

反应过程为氢气通往燃料电池阳极,在 Pt 催化作用下分解为 H^+ 和 e^-,空气通往燃料电池负极,其中 O_2 可与 H^+ 相结合,e^- 在外部回路被捕捉形成电流。通过低温电化学反应,H^+ 和 e^- 与 O_2 在燃料电池阴极一侧形成水,放出热量。

燃料电池作为能量转化型电池，实际工作效率约为40%～60%，其在工作过程中，主要存在三种电压损失，即活化极化电压损失、欧姆极化电压损失和浓度极化电压损失。活化电压损失主要是发生在负载电流产生变化时，在荷电效应的作用下，燃料电池双极板表层会产生缓慢变化的电压。在活化电压损失的影响下，燃料电池等效电路模型可作如图2.3所示的修正。

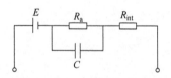

图2.3 燃料电池等效电路模型示意图

如图2.3所示，在等效电阻R_a两端并联一个电容C，E为热力学判定的燃料电池电压[117]。当负载电流从0阶跃变化至I时，在电容C的作用下，R_a两端的电压无法发生突变[118]。

R_a两端的电压可表示为

$$U_{R_a} = U_C = IR_a(1 - e^{-\frac{t}{R_aC}}) \tag{2.7}$$

在此基础上，燃料电池单体输出电压为

$$U_{\text{single\_out}} = E - IR_{\text{int}} - IR_a(1 - e^{-\frac{t}{R_aC}}) \tag{2.8}$$

对于由n块单体组成的燃料电池电堆的输出电压为

$$U_{\text{stack}} = U_{\text{single\_out}}n \tag{2.9}$$

因此，燃料电池电堆的输出功率为

$$P_{\text{fc\_out}} = U_{\text{stack}}I = n[EI - I^2R_{\text{int}} - I^2R_a(1 - e^{-\frac{t}{R_aC}})] \tag{2.10}$$

2.3.2 基于实验数据燃料电池功率输出特性建模

燃料电池为复杂的物理化学系统，依靠上文中的简化模型，难以真实有效地反映燃料电池在实际工况下的工作状态。因此，将模型与已有的实验数据结合，对模型进行修正，可以提高模型的准确性，从而有效反映燃料电池的工作状态。

HOU等人通过实验对电流阶跃加载过程中的氢气消耗量的动态变化过程进行了分析，并根据实验数据进行数学拟合，得到了电流阶跃加载下的氢气消耗量的变化关系[119]，如式（2.11）所示：

$$\begin{aligned}\Delta Q_{H_2i} &= \Delta IT_f \\ &= Q_{H_2i} - Q_{H_2is}\end{aligned} \tag{2.11}$$

式中，Q_{H_2i}为氢气消耗量；Q_{H_2is}为稳态氢气消耗量；ΔI为电流阶跃幅值；T_f为转移系数，其意义为电流阶跃加载下实际氢气消耗量变化至稳态的动态关系，如式（2.12）所示：

$$T_f = ae^{-b(t-1)} \tag{2.12}$$

$$a = T_{f0}\exp\left(\frac{\ln 0.05}{T}\right) \quad (2.13)$$

$$b = -\frac{\ln 0.05}{T} \quad (2.14)$$

式中，a、b 为拟合的模型参数；T_{f0} 为 0 时刻的 T_f 值；T 为达到稳态的时间。实验结果表明，加载不同电流阶跃时，达到稳态的时间 T 变化较小，文献中将 T 等同于出氢口电磁阀特性，由于电磁阀为硬件实体，对于功率已定的燃料电池，可将 T 视为定值。

由式（2.11）~式（2.14）可知，氢气消耗量 Q_{H_2i} 在不同时刻的表达式如下所示：

$$Q_{H_2i} = Q_{H_2is} + \Delta I T_{f0} e^{\frac{\ln 0.05}{T}t} \quad (2.15)$$

当电流从 0 阶跃加载到 ΔI 时，在 0 时刻氢气消耗量 Q_{H_2i} 为 0，因此

$$\Delta I T_{f0} = -Q_{H_2is} \quad (2.16)$$

$$Q_{H_2i} = Q_{H_2is}(1 - e^{\frac{\ln 0.05}{T}t}) \quad (2.17)$$

当 $t = T$ 时，氢气消耗量达到稳态，即 $Q_{H_2i} = Q_{H_2is}$，设 k 为归一化参数，式（2.17）可转化为以下形式

$$Q_{H_2i} = kQ_{H_2is}(1 - e^{\frac{\ln 0.05}{T}t}) \quad (2.18)$$

解得

$$k = \frac{1}{0.95} \quad (2.19)$$

$$Q_{H_2i} = \frac{1}{0.95}Q_{H_2is}(1 - e^{\frac{\ln 0.05}{T}t}) \quad (2.20)$$

由上可知，氢气消耗量与时间的关系可由上述表达式描述。由于燃料电池反应的过程也是电流产生的过程，即氢气消耗量与电流保持同步。设燃料电池实际工作时，其电流与氢耗量变化规律相同，并且到达稳态时刻相同。设 T'_f 为电流时变系数，则

$$T'_f = -\frac{1}{0.95}e^{\frac{\ln 0.05}{T}t} + \frac{1}{0.95} \quad (2.21)$$

$$I = I_{max}T'_f = I_{max}\left(-\frac{1}{0.95}e^{\frac{\ln 0.05}{T}t} + \frac{1}{0.95}\right) \quad (2.22)$$

在燃料电池实际工作过程中，在损耗作用下，燃料电池输出电压下降，假设该下降趋势为线性，即忽略非线性部分，设在 0 电流时燃料电池电压为 E_0，在电流为 I_{max} 时，电压为 P_{max}/I_{max}。在该假设下，燃料电池的输出电压为

$$U = E_0 - \frac{E_0 - P_{max}/I_{max}}{I_{max}}I \quad (2.23)$$

燃料电池的输出功率为

$$P_{\text{fc\_out}} = UI = E_0 I_{\max}(T'_f - T'^2_f) + P_{\max} T'^2_f \tag{2.24}$$

2.3.3 燃料电池模型功率输出特性模型修正

式（2.10）反映了基于燃料电池等效电路模型建立的功率输出特性模型，该模型中燃料电池输出功率动态变化特性是由氢气消耗量的动态变化实验推导出来的，能比较客观、实际地描述燃料电池系统功率输出特性。而式（2.24）由等效电路模型推导得出的功率特性只考虑了电路响应问题，无法反映燃料电池实际工作过程中因介质传递、膜含水量再平衡等因素对输出功率动态特性造成的影响，因而具有较大的局限性。因此，对此基于等效模型的电堆功率输出特性进行参数修正，使修正的功率特性等同于式（2.24）。定义修正系数 r_1、r_2、r_3、r_4、r_5，并利用待定系数法确定修正系数的值，式（2.10）可修正为

$$\begin{cases} P_{\text{fc\_out}} = nr_1(EI - I^2 R_{\text{int}} - I^2 R_a) + nI^2 R_a(r_2 e^{-\frac{t}{r_3 R_a C}} + r_4 e^{-\frac{t}{r_5 R_a C}}) \\ r_1 = \dfrac{E_0(1/0.95 - 1/0.95^2)}{n(E - I_{\max} R_{\text{int}} - I_{\max} R_a)} \\ r_2 = \dfrac{E_0(2/0.95^2 - 1/0.95)}{n(I_{\max} R_a)} \\ r_3 = -\dfrac{\ln 0.05}{T} R_a C \\ r_4 = -\dfrac{E_0/0.95^2}{n(I_{\max} R_a)} \\ r_5 = -\dfrac{2\ln 0.05}{T} R_a C \end{cases} \tag{2.25}$$

该模型能够兼顾燃料电池等效电路与实际数据，合理描述燃料电池的实际功率输出。因此在燃料电池动力系统中，选择该模型作为燃料电池建模依据。

根据图 2.3 对燃料电池电反应堆的等效模型分析，燃料电池的输入信号为电流 I_f，输出信号为燃料电池两端的电压 U_f，$U_f = E - U_a - U_{\text{int}}$ 模型的传递函数为

$$G_f = \frac{\Delta U}{I_f} = -R_{\text{int}} - R_a \frac{1}{C_f} \frac{1}{R_a + \frac{1}{C_f}} \tag{2.26}$$

式中，ΔU 为端电压与起始开路电压的压差。因此式（2.26）整理得

$$G_f = \frac{\Delta U}{I_f} = -R_{\text{int}} - R_a + \frac{R_a}{1 + \dfrac{1}{R_a C_a}} \tag{2.27}$$

令 $T_f = \dfrac{1}{R_a C_a}$，则

$$G_f = \frac{\Delta U}{I_f} = \frac{-(1+T_f)(R_{\text{int}}+R_a)+R_a}{1+T_f} \tag{2.28}$$

令 $K_f = -(1+T_f)(R_{\text{int}}+R_a)+R_a$，则

$$G_f = \frac{\Delta U}{I_f} = \frac{K_f}{T_f+1} \tag{2.29}$$

根据离散参数估计结果得

$$\begin{cases} K_f = 1.008 \\ T_f = 1.044 \end{cases} \tag{2.30}$$

2.4 蓄电池建模

动力蓄电池是燃料电池动力系统的重要动力源,在燃料电池输出功率不足时,对系统功率进行补充,并在制动时进行制动能量回收。动力蓄电池模型主要有以下几类:①等效电路模型,包括 R_{int} 模型、RC 模型等;②电化学模型;③分析模型。如何选择合适的蓄电池模型,是动力系统模型搭建的重要工作。考虑到模型的准确性、模型计算的复杂性、模型的可参数化程度,对上述模型进行评价[120],见表2.2。

表2.2 三类动力蓄电池模型评价

	模型准确性	模型计算复杂性	模型可参数化程度
等效电路模型	++	--	--
电化学模型	+	+	-
分析模型	0	+	++

注:"++"为很好,"+"为较好,"0"为一般,"-"为较不适合,"--"为很不适合。

由于本书中燃料电池动力系统需完成本地及远程分布式测试,因此对于模型的准确性要求一般,而需要模型计算复杂度较低,模型可参数化程度较高。综上,在本书中选择分析模型作为建模基础。

本书中的蓄电池建模将采用分析模型,输入为通过蓄电池的电流及温度,输出为两端电压及 SOC(State of Charge)。

本书中采用的蓄电池模型主要分为三个模块:SOC 计算模块、电压计算模块和热计算模块。对于 SOC 计算模块,输入为电流 I_b,输出为 SOC(图2.4):

$$\text{SOC} = \frac{Q_c - \int i \mathrm{d}t}{Q_c} \times 100\% \tag{2.31}$$

$$i = \frac{I_b}{N_p} \tag{2.32}$$

式中，Q_c 为蓄电池单体容量；i 为蓄电池单体电流；N_p 为蓄电池包并联单体数。

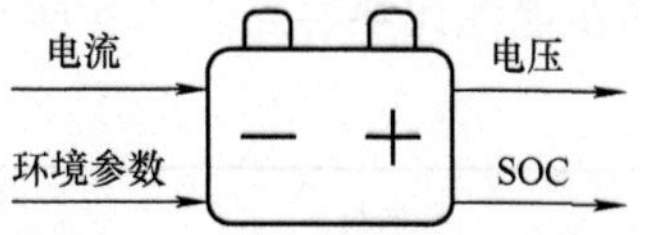

对于电压计算模块，输入为电流 I_b 和 SOC，输出为蓄电池两端电压 U_b：

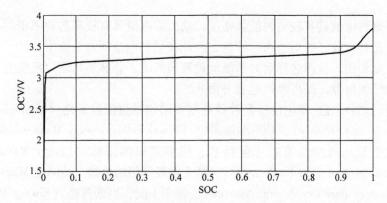

图 2.4　蓄电池模型输入输出示意图

$$U_{dot} = \frac{i - \dfrac{U_{drop}}{R_0}}{C_0} \tag{2.33}$$

$$U_{drop} = \int U_{dot} dt \tag{2.34}$$

$$U_b = [OCV(SOC) - U_{drop}]N_s \tag{2.35}$$

式中，U_{drop} 为单体内阻和电容产生的电压降；R_0 为蓄电池单体内阻；C_0 为蓄电池单体电容；OCV 为单体开路电压；N_s 为串联单体数。SOC-OCV 关系如图 2.5 所示。

图 2.5　蓄电池 SOC-OCV 曲线

对于热计算模块，输入为电流 I_b、环境温度 T_{amb}、空气流量 q_{air}，输出为蓄电池温度 T_b：

$$Q_{zu} = R_0 N_{cell} \left(\frac{I_b}{N_p}\right)^2 \tag{2.36}$$

$$Q_{ab} = (T_b - T_{amb}) S_b (k_{heat} + q_{air} k_m) \tag{2.37}$$

$$T_b = \int \frac{Q_{zu} - Q_{ab}}{C_b} dt \tag{2.38}$$

式中，Q_{zu} 为蓄电池增加的热量；Q_{ab} 为蓄电池减少的热量；N_{cell} 为蓄电池电池包数量；S_b 为蓄电池表面积；k_{heat} 为蓄电池热传递系数；k_m 为质量流量系数；

C_b 为蓄电池比热容。表 2.3 所示的蓄电池参数为本书采用的蓄电池参数。

表 2.3　蓄电池参数

名称	参数	单位
最大电流	500	A
最大充电电流	-45	A
串联单体数	100	—
并联单体数	20	—

根据离线参数估计结果，传递函数为

$$G_{kb} = \frac{U_b}{I_b} = \frac{1}{C} \tag{2.39}$$

2.5　燃料电池/蓄电池能量管理控制策略

由于燃料电池具有较高的能量密度，动力蓄电池具有较高的功率密度，并且动力蓄电池具有较好的动态响应特性，因此在燃料电池动力系统中，两动力源往往需要搭配使用。合理选择动力系统能量管理策略，能够提高动力系统的工作效率，增加续驶里程，提高燃料电池寿命。

常用的燃料电池/蓄电池能量管理控制策略包括恒温器策略（Thermostat Energy Management Strategy）、功率跟随策略（Power Follow Energy Management Strategy）、基于复杂规则的策略［包括基于模糊逻辑的策略（Energy Management Control Strategy Based on Fuzzy Logic）、基于神经网络的策略（Energy Management Control Strategy Based on Neural Network）、基于工况识别的策略（Energy Management Control Strategy Based onWorking Condition Identification）］等。

恒温器策略是一种基于规则的燃料电池/蓄电池能量管理策略，该策略的规则为燃料电池在恒功率点工作，燃料电池的开启与关闭由蓄电池 SOC 决定，当蓄电池的 SOC 低于 SOC 的下限值时，燃料电池开启并在恒功率点工作，当燃料电池给蓄电池充电使得蓄电池的 SOC 等于 SOC 的上限值时，燃料电池关闭，直到下一个蓄电池 SOC 达到 SOC 下限值的时刻燃料电池再次开启。该策略的主要优点为，运行规则简单可靠，燃料电池能够保证在高效率区工作，但是该策略存在蓄电池反复充放的现象，导致能量转换效率降低。

功率跟随策略的基本思想为所需电能优先由燃料电池提供，不足的部分由蓄电池补充。这一策略的优点在于避免蓄电池多次充放电情况，能够有效地保护蓄电池，缺点在于燃料电池的输出功率会在零功率和最大功率之间频繁波动，无法实现燃料电池始终在高效区工作。

由于前两种基于规则的能量管理策略存在一定缺陷，无法满足动力系统能量管理的需求，并且由于燃料电池动力系统是非线性时变系统，难以制定符合动力系统能量管理需求的控制规则。因此，需要借助其他方法对能量管理策略进行设计及优化。

基于模糊逻辑的能量管理控制策略可借助模糊推理能力，根据系统负载的实际需求以及动力系统各部件的状态，将燃料电池功率输出限制在一定范围内，实现燃料电池与蓄电池之间功率的优化配置。通过隶属度函数的设计得到能量分配的控制规则。基于神经网络的能量管理控制策略可借助神经网络的自学习能力，通过神经网络的训练，得到能量分配的控制规则。基于工况识别的能量管理控制策略通过典型工况的参数提取，在实际环境中进行多模式切换，实现实时能量分配最优。

由三类策略的特点，根据文献及仿真测试结果，可对三类策略的特点做出如表 2.4 所示的评价。其中，计算复杂性指的是策略计算时的计算规则的复杂性，策略优越性指的是策略对于燃料电池动力系统经济性的提升程度，燃料电池动态特性指的是策略是否能够反映燃料电池动态性能。

表 2.4 三类策略评价

	计算复杂性	策略优越性	燃料电池动态特性
恒温器策略	++	0	-
功率跟随策略	++	0	+
基于复杂规则的策略	0	+	0

注："++"为很好，"+"为较好，"0"为一般，"-"为较不合适，"--"为很不合适。

在本书中，由于仿真实验环境为远程分布式环境，因此对于计算复杂性和燃料电池动态特性有一定要求，由于本书的目的在于分布式远程系统验证，因此对策略优越性要求较低。为了能够更加直观地反映动力系统的燃料电池动态响应特性，结合系统对计算复杂性和策略优越性的要求，本书采用功率跟随策略。根据该策略，在系统需求功率大于 0 时，燃料电池优先工作，当燃料电池无法满足系统需求功率要求时，蓄电池对功率进行补充。

因此，可将燃料电池与蓄电池的工作状态划分为以下三类情况。

（1）燃料电池单独工作

在系统需求功率大于 0 时，燃料电池优先工作，将化学能转化为电能，供驱动系统工作，多余的电能存储在蓄电池中。在该模式下：

$$P_{\text{EM}} = P/(\eta \eta_{\text{EM}}) \tag{2.40}$$

$$P_{\text{fc\_out}} = P_{\text{EM}} + P_{\text{b\_in}} \tag{2.41}$$

式中，P_{EM} 为动力源提供给电机的功率；P 为电机实际功率；η、η_{EM} 分别为传动系统和电机效率；P_{fc_out} 为燃料电池输出功率；P_{b_in} 为蓄电池输入功率。

（2）燃料电池与蓄电池共同工作

当系统的需求功率超过了燃料电池能够提供的最大功率时，蓄电池将与燃料电池协同工作，为驱动系统提供电能。在该模式下：

$$P_{EM} = P/(\eta \eta_{EM}) \tag{2.42}$$

$$P_{fc\_out} = P_{EM} - P_{b\_in} \tag{2.43}$$

（3）再生制动模式

在汽车减速或下坡时，燃料电池停止工作，电机将制动或惯性滑行中的动能回收，存储在蓄电池中。在该模式下：

$$P_{fc\_out} = 0 \tag{2.44}$$

$$P_{b\_in} = P_{EM} \tag{2.45}$$

$$P_{EM} = \frac{\alpha P}{\eta} \tag{2.46}$$

式中，α 为再生制动百分比。

2.6 驾驶员

驾驶员反应能力研究（多以反应时间来量化）是驾驶员模型研究的重要理论基础，驾驶员模型研究是汽车主被动安全研究、汽车动力学控制、智能驾驶技术研究的重要组成部分。由于本书的研究对象为分布式测试平台，并且在测试中只考虑纵向运动，因此将驾驶员模型限定为纵向运动的驾驶员模型。对于分布式测试平台，现有文献还未探讨基于该平台的驾驶员模型，因此需要借鉴相关文献对其进行探讨。

反应时间分为简单反应时间和复杂反应时间。对于单一的一种刺激，只需要完成一种动作即可，完成该动作所需要的时间被称为简单反应时间。刺激物与反应时间的关系见表2.5。

表2.5 刺激物与反应时间的关系

刺激物	触觉	听觉	视觉	嗅觉
反应时间/s	0.11~0.16	0.12~0.16	0.15~0.20	0.20~0.80

驾驶员的反应时间迟滞，会因为各种影响因素的改变而改变。有人认为在0.3~1s之间，有人按平均0.75s计算。英国《道路交通法》把反应时间定为

0.68s，称为"思索时间"[121]。现阶段对于驾驶员反应能力的研究（以反应时间量化）主要集中在反应机制研究、考虑多影响因素的反应时间测量、测量结果分析处理。其中考虑多影响因素的反应时间测量中，影响因素主要为驾驶员自身属性、交通流状态等。

跟驰模型是驾驶员模型的重要一类。跟驰行为其中一个重要特性是延迟性，即当前车改变运行状态后，后车也要改变，但后车运行状态的改变相对前车有一个时间延迟，假设反应时间为 T，那么前车在 t 时刻的动作，要经过 T 时间即在 $(t+T)$ 时刻，后车才能做出相应的动作。由于跟驰模型也具有延迟性特点，因此该类模型对于分布式测试平台的驾驶员模型建立具有借鉴意义。吴松松等[122]以道路循环工况为输入，以基于模糊 PID 控制器的驾驶员模型为基础，实时地反映驾驶员的驾驶意图。黄妙华等[123]针对仿真车速与需求车速之间的偏差使用 PI 控制器进行修正而又难以整定 PI 系数的问题，提出了采用模糊控制器对车速偏差进行修正的方法。

对于分布式测试平台，还没有相关文献研究其驾驶员反应能力。现阶段对于驾驶员模型的研究主要集中于车辆动力学控制方面，在前向仿真的驾驶员模型研究与应用中，大多以 PI、PID 模型为主，该类模型能够达到基本的仿真要求，但是对于分布式测试平台，该类模型无法体现在网络干扰下的驾驶员真实行为，因此需要在此基础上进行修正和改进。

为了针对分布式试验中驾驶员反应能力所引起的时间迟滞，首先利用同济大学的底盘测功机台架进行相关测试，从而获得驾驶员反应时间迟滞。在该测试中，驾驶员参照显示屏上的标准车速和实际车速，控制加速踏板和制动踏板，依次轮流完成若干次工况循环。测功机台架测试一共进行了 10 次，并使用 PHAT 加权的广义互相关函数进行时间迟滞的估算，估算结果见表 2.6。

表 2.6 驾驶员反应时间测试结果

序号	1	2	3	4	5	6	7	8	9	10
时间迟滞/s	0	-0.5	-0.5	0	0.5	0	0	0	-1	0

本次测试所使用的底盘测功机型号为 Horiba 2WD In – Line – Mounted Chassis Dyno for NVH，频率为 2Hz，采样周期为 0.5s。

从测试结果可以看到，在试验过程中，驾驶员接受指令并发出操作这一环节是存在一定的时间迟滞的，它主要和驾驶员的反应速度有关。驾驶员的反应时间迟滞是一个随机变化的值，大约在 -1~0.5s 范围内变化。

2.7 电驱动系统

电驱动系统包括电机、电机控制器及传动机构。电动汽车的驱动方式可分为中央驱动和电动轮驱动两种形式。本书中采用轮毂电机的驱动方式,由 4 个轮毂电机直接驱动。

2.7.1 电驱动系统建模

电机为一种常见的能量转换装置,应用广泛。电机可将电能转化为机械能,驱动车辆行驶,在制动时将机械能转化为电能存储。本书将电机与电机控制器作为一个完整系统。对于车用电机,其需求转矩由驾驶员的主观判断决定,因此电机的响应特性与车辆实际驾驶感受与动力性能直接相关。

本书用电机参数见表 2.7。

表 2.7 电机技术参数

名称	参数
电机额定功率	0.8kW
电机最大功率	2.5kW
电机最大转矩	165N·m
电机最高转速	500r/min
电机控制器工作电压范围	335~410V

本书选用永磁同步轮毂电机作为计算模型,最大输出功率为 2.5kW,额定功率为 0.8kW,最高转速为 500r/min。图 2.6 为电机效率与其转速和转矩变化的三维图。图 2.7 是将电机效率三维图转化为等值线图后的二维效率分布图。

电机效率与电机转速和输出转矩的关系为

$$\eta_m = f_m(n_m, T_m) \tag{2.47}$$

式中,η_m 为电机效率;n_m 为电机转速(r/min);T_m 为电机转矩(N·m)。软件平台中的电机模型可根据系统的转矩、转速需求,通过查表方式可求得电机效率,并根据功率总线上的实际功率计算出电机可以输出的实际转矩和转速。

电机的输出转矩可表示为

$$T_{EM\_out} = \frac{P_{out} \delta_T \eta_{EM}(n_{EM\_out}, T_{EM\_req})}{n_{EM\_out}} \tag{2.48}$$

式中,T_{EM_out} 为电机输出转矩;P_{out} 为动力源总输出功率;δ_T 为功率转矩转换系数;η_{EM} 为电机效率;n_{EM_out} 为电机实际转速;T_{EM_req} 为电机需求转矩。

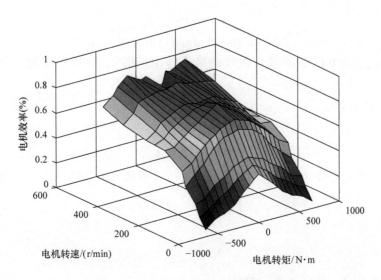

图 2.6 电机效率与其转矩和转速关系图

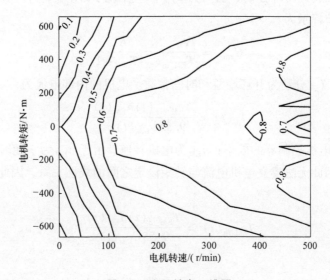

图 2.7 电机效率二维图

电机的需求功率可表示为

$$P_{EM\_req} = \frac{T_{EM\_req} n_{EM\_out} \delta_P}{\eta_{EM}(n_{EM\_out}, T_{EM\_req})} \tag{2.49}$$

式中,P_{EM_req} 为电机的需求功率;δ_P 为转矩功率转换系数。

电机制动能量回收的最大转矩可表示为

$$T_{\text{R\_max}} = \frac{P_{\text{R\_max}}\delta_{\text{T}}}{\eta_{\text{EM}}(n_{\text{EM\_out}}, T_{\text{EM\_req}})n_{\text{EM\_out}}} \quad (2.50)$$

式中，$T_{\text{R\_max}}$ 为电机制动能量回收的最大转矩；$P_{\text{R\_max}}$ 为制动能量回收的最大功率。

对于传动系统，

$$T_{\text{rad}} = T_{\text{EM\_out}}\delta_{\text{trans}}\eta_{\text{trans}} \quad (2.51)$$

$$n_{\text{EM\_out}} = \delta_{\text{trans}}n_{\text{rad}} \quad (2.52)$$

式中，T_{rad} 为车轮转矩；δ_{trans} 为传动比；η_{trans} 为传动系统效率；n_{rad} 为车轮转速。

$$v = \int \frac{T_{\text{brake}} + T_{\text{rad}} - T_{\text{R\_out}}}{rm} \quad (2.53)$$

$$n_{\text{rad}} = \frac{60v}{2\pi r} \quad (2.54)$$

式中，v 为车速；T_{brake} 为制动转矩。

电机采用转矩闭环控制，输入为 $T_{\text{EM\_in}}$，输出为 $T_{\text{EM\_out}}$，开环传递函数可近似用一阶环节标示为

$$G_{\text{kmc}} = \frac{T_{\text{EM\_out}}}{T_{\text{EM\_in}}} = \frac{K_{\text{mc}}}{T_{\text{mc}} + 1} \quad (2.55)$$

式中，K_{mc} 和 T_{mc} 分别为开环增益和时间常数。电机的内部电流为

$$I_{\text{m}}(t) = \frac{T_{\text{EM\_out}}(t)n_{\text{EM}}(t)}{9.55U_{\text{bus}}(t)\eta_{\text{m}}} \quad (2.56)$$

式中，η_{m} 为电机控制器的效率；n_{EM} 为电机转速。由于 n_{EM} 为一随时间变化而变化的变量，因此无法建立电机电流与转矩设定之间的线性关系，因此构造变量电机输入电流

$$I_{\text{EM\_in}}(t) = \frac{T_{\text{EM\_in}}(t)n_{\text{EM}}(t)}{9.55U_{\text{bus}}(t)} \quad (2.57)$$

则

$$G_{\text{kmc}} = \frac{T_{\text{EM\_out}}}{T_{\text{EM\_in}}} = \frac{K_{\text{mc}}}{T_{\text{mc}} + 1} = \frac{I_{\text{m}}}{I_{\text{EM\_in}}} \quad (2.58)$$

离线参数估计结果为

$$\begin{cases} K_{\text{mc}} = 0.9703 \\ T_{\text{mc}} = 0.0721 \end{cases} \quad (2.59)$$

电池的电流与电机的电流满足如下关系：

$$I_{\text{b}}(t) = I_{\text{m}}(t) - I_{\text{fc}}(t) \quad (2.60)$$

第 2 章
燃料电池汽车动力系统分布式测试平台

2.7.2　Mini Electric Drive System in Hardware

进一步考虑 X – in – the – Loop 理论中硬件和软件的组合，结合本书中的燃料电池汽车动力系统，利用中德合作项目资源，考虑采用 Mini Electric Drive System in Hardware 测试平台代替电驱动系统模型，实现软硬件结合测试验证。Mini Electric Drive System in Hardware 测试平台（图 2.8）位于德国卡尔斯鲁厄理工学院（KIT）。

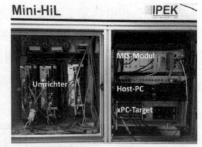

图 2.8　Mini Electric Drive System in Hardware 测试平台

Mini Electric Drive System in Hardware 测试平台由两台 1.5kW 额定功率、6000r/min 峰值转速的电机和连接轴组成。这里一个电机可以用作驱动电机，另一个电机可以用作负载电机。其中驱动电机 – 负载电机连接结构与传感器示意图如图 2.9 所示。

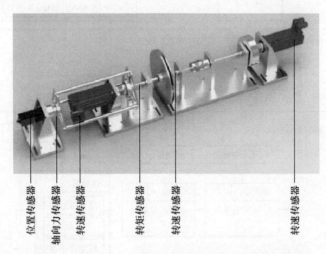

图 2.9　驱动电机 – 负载电机连接结构与传感器示意图

Mini Electric Drive System in Hardware 测试平台中驱动电机与负载电机的参数见表 2.8。

表2.8 Mini Electric Drive System in Hardware 测试平台电机参数

参数	数值
电机额定功率	1.5kW
电机额定转矩	2.4N·m
电机最高转速	6000r/min
电机额定转速	2500r/min
电机最大转矩	10.3N·m

由于三相电机基于其极对数正好在主电源频率下旋转，所以两个永磁同步电机由两个变频器控制，即带脉宽调制和矢量控制的两个电压源逆变器。另外，可以通过 CAN 总线进行电机控制。图 2.10 显示了 Mini Electric Drive System in Hardware 测试平台的硬件和软件架构。

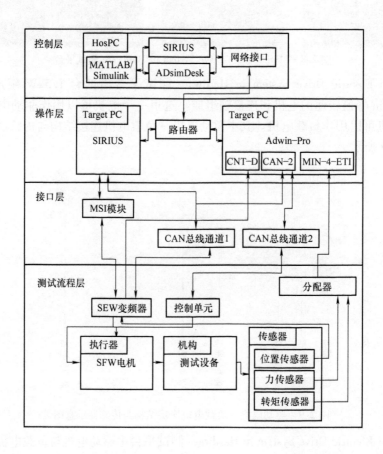

图 2.10 Mini Electric Drive System in Hardware 测试平台的硬件和软件架构

第 2 章
燃料电池汽车动力系统分布式测试平台

- 测试流程层

根据验证目标的不同,可使用不同的测量方法来测量总测试台和测试对象的状态变量。Mini Electric Drive System in Hardware 测试平台中最重要的状态变量是驱动电机和负载电机的实时转速和转矩。为了测量实时转速,测试平台中用于确定转子位置和速度的传感器已经集成在电机中。为了测量转矩,可根据测量质量和安装要求使用不同的转矩传感器(例如,转矩轮毂、磁致伸缩转矩传感器)。

- 接口层

接口层将测试流程层与操作层连接。由于在测试流程层获取的测量数据和相应的控制变量通常是模拟信号,因此该层级的主要任务是模拟/数字信号转换。该层级中管理信息系统模块(Management Informations System Module,MIS – Module)包含了 Mini Electric Drive System in Hardware 测试平台上使用的 24 通道数字输入、12 位数/模转换器和继电器。由于 Mini Electric Drive System in Hardware 测试平台旨在测试新的测试配置,Mini Electric Drive System in Hardware 测试平台上的接口设置应尽可能多样化以满足不同的测试任务。因此,Mini Electric Drive System in Hardware 测试平台配备了多通道 I/O 卡,提供多种功能,如 A/D 和 D/A 转换,数字和模拟信号输入/输出。另外,可通过 CAN 总线在 Mini Electric Drive System in Hardware 测试平台上进行测试流程层和操作层之间的数据交换。

- 操作层

该平台中,业务层与操作层合并。在操作层上,采用实时操作系统 xPC – Target 与 Linux 系统。xPC – Target 是 MATLAB 的扩展程序,可用于在 PC 兼容的硬件上建立一个实时系统,简化了目标计算机上控制模型的执行,Simulink 或 Stateflow 中创建的模型可以通过编译器编译并发送到实时系统。为了实时控制测试平台,Mini Electric Drive System in Hardware 测试平台上使用 Sirius 控制模型,该控制模型由 Simulink 模型和由 RealTimeWorkshop 编译器创建的实时 C 代码文件组成。除了负载电机的实时控制之外,Sirius 控制模型还可进行 I/O 驱动器的连接和参数设置,以及测试平台状态监控。

此外,Mini Electric Drive System in Hardware 测试平台通过 ADwin 实时系统进行现代化改造。ADwin 系统由实时处理器、快速模拟/数字输入输出接口以及与 PC 的通信接口组成。由于所有接口都集成在实时系统中,因此测试流程直接连接到 ADwin 系统。在下面的研究中,ADwin 系统被用作 Mini Electric Drive System in Hardware 测试平台的实时系统。

- 控制层

Mini Electric Drive System in Hardware 测试平台的控制主要由操作层主 PC 上的图形用户界面(Graphical User Interface,GUI)完成。由于 Mini Electric Drive System in Hardware 测试平台配有两个实时系统,因此每个实时系统都有独立

的 GUI。

对于 xPC – Target，可以使用应用程序编程接口（Application Programming Interface，API）创建单独的 GUI。由操作层的描述可知，Mini Electric Drive System in Hardware 测试平台使用 Sirius 控制模型。根据具体要求和配置，控制模型也可以使用 MATLAB／Simulink 软件进行编辑。

对于 ADwin 系统，允许 Simulink 模型在 ADwin 硬件上运行。首先，ADwin 系统的输入和输出嵌入到 Simulink 模型中，并生成 C 代码。编译完成后，该模型在 ADwin 系统中循环运行，最高频率为 100kHz。在测试过程中，所有当前信号都可以在软件 ADsim 定义的 GUI 中显示和设置。除 ADsim 之外，还可以使用软件 ADbasic 对测量、控制和调节过程进行编程。

由于实际使用电机与 Mini Electric Drive System in Hardware 测试平台集成的驱动电机存在参数指标差异（图 2.11），因此需要对电机模型与测试平台驱动电机的参数指标进行折算，以确定该测试平台是否能够满足电机的转速、转矩及功率需求。

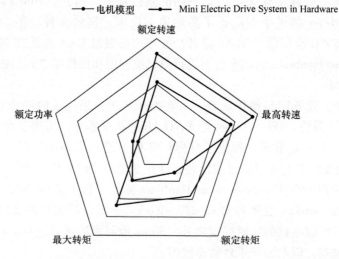

图 2.11 电机模型与 Mini Electric Drive System in Hardware 测试平台参数对比

根据正向仿真模型，考虑 Mini Electric Drive System in Hardware 测试平台的参与，两侧均为转矩控制，工况速度谱输入驾驶员模型，驾驶员模型计算得到期望转矩输入到驱动电机端（转矩控制端），同时该转矩受到燃料电池与蓄电池的功率限制。该转矩与测功机端（转矩控制端）的阻力矩相平衡，得到的实际车速反馈到驾驶员模型。模型中电机的最大转矩为 165N·m，Mini Electric Drive System in Hardware 测试平台的最大转矩为 10.3N·m。

在该情况下，需要根据计算所得电机参数与实际电机参数进行折算。折算时需要满足以下条件：
- 折算后进入 Mini Electric Drive System in Hardware 测试平台的电机转矩与转速小于 Mini Electric Drive System in Hardware 测试平台电机的最大转矩与最高转速。
- 折算后 Mini Electric Drive System in Hardware 测试平台的电机功率在安全范围内。

折算时首先需要考虑满足转速指标，设 k_n 为转速折算系数，n_c 为电机模型的转速，n_a 为 Mini Electric Drive System in Hardware 测试平台使用电机的转速，令 Mini Electric Drive System in Hardware 测试平台使用的电机的转速与电机模型的转速保持一致，因此

$$k_n = \frac{n_a}{n_c} = 1 \tag{2.61}$$

设 k_{T_q} 为转矩折算系数，T_{q_c} 为电机模型的转矩，T_{q_a} 为 Mini Electric Drive System in Hardware 测试平台使用的电机的转矩，令

$$k_{T_q} = \frac{T_{q_a}}{T_{q_c}} = 0.0004 \tag{2.62}$$

当 $T_{q_c} = 165\text{N} \cdot \text{m}$ 时，$T_{q_a} = 0.066\text{N} \cdot \text{m} < 10.3\text{N} \cdot \text{m}$。

设 k_P 为功率折算系数，P_c 为计算所得电机功率，P_a 为 Mini Electric Drive System in Hardware 测试平台使用的电机的功率，则

$$k_P = \frac{P_a}{P_c} = k_n \cdot k_{T_q} = 0.0004 \tag{2.63}$$

当 $P_c = 2.5\text{kW}$ 时，$P_a = 0.001\text{kW} < 1.5\text{kW}$。

由上述折算结果可知，Mini Electric Drive System in Hardware 测试平台可满足软硬件结合测试的需要。

2.8 组合架构划分

由文献［61］可知，子模型划分直接影响系统耦合点位置。而耦合点位置对系统稳定性、透明度等具有较大影响。因此需要综合多方面因素进行子模型划分。首先将燃料电池汽车动力系统分为工况及驾驶员模型、ECU 模型、燃料电池模型、动力蓄电池模型、驱动电机模型、传动链模型以及车辆动力学模型（即负载模型）等。根据各模型基本特性，将各模型分为 3 个子模型。

如图 2.12 所示，燃料电池动力系统模型可分为 3 个子模型：子模型 1 包含了工况及驾驶员模型、ECU 模型，子模型 2 包含了燃料电池系统模型和动力蓄

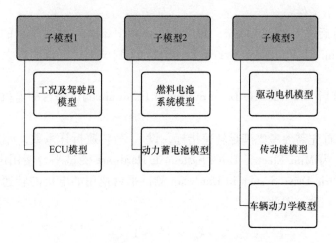

图 2.12　燃料电池汽车动力系统仿真模型划分方案

电池模型，子模型 3 包含了驱动电机模型、传动链模型以及车辆动力学模型。将 3 个子模型放置在两地进行分布式测试，则 3 个子模型之间的组合关系有 $C_3^2 = 3$ 种。

• 组合 1

计算机 A 运行子模型 1（工况及驾驶员模型、ECU 模型）和子模型 2（燃料电池系统模型和动力蓄电池模型），计算机 B 运行子模型 3（驱动电机模型、传动链模型以及车辆动力学模型），如图 2.13 所示。

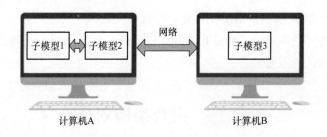

图 2.13　燃料电池动力系统模型组合 1

• 组合 2

计算机 A 运行子模型 1（工况及驾驶员模型、ECU 模型）和子模型 3（驱动电机模型、传动链模型以及车辆动力学模型），计算机 B 运行子模型 2（燃料电池系统模型和动力蓄电池模型），如图 2.14 所示。

• 组合 3

计算机 A 运行子模型 2（燃料电池系统模型和动力蓄电池模型）和子模型 3

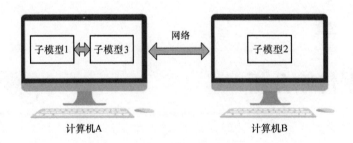

图 2.14　燃料电池动力系统模型组合 2

（驱动电机模型、传动链模型以及车辆动力学模型），计算机 B 运行子模型 1（工况及驾驶员模型、ECU 模型），如图 2.15 所示。

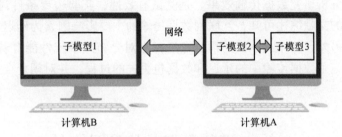

图 2.15　燃料电池动力系统模型组合 3

2.9　本章小结

本章根据分布式系统架构与 X–in–the–Loop 应用场景，分别对汽车动力系统的各关键组成部分进行建模，包括燃料电池、蓄电池、能量管理控制策略、驾驶员、电驱动系统及负载。为了实现 X–in–the–Loop 软硬件结合的要求，引入了 Mini Electric Drive System in Hardware 测试平台，并验证了软硬件结合的可行性，得到了软硬件结合的模型。最后对模型进行了 3 种组合架构的划分。

第 3 章 数据传输分析

由于本书的研究对象为燃料电池汽车动力系统,并且引入了 X – in – the – Loop 的概念,动力系统将进行远程测试验证,因此对于远程系统的数据传输的讨论十分必要。由于燃料电池汽车动力系统的远程测试验证同时包含了模型、代码和硬件,分析研究数据传输效果,是测试有效性、实验边界条件讨论的基础。根据第 1 章的文献综述可知,互联网数据传输的主要影响因素为延迟、抖动、数据包丢失。另外,分布式系统的耦合点选择也对分布式系统性能有着重要影响。本章主要研究了数据传输中的延迟和数据包丢失的过程,并对耦合点选择进行了讨论。

3.1 网络数据传输测量方法

由第 1 章可知,本书讨论的燃料电池汽车动力系统将应用分布式测试和 X – in – the – Loop 方法。结合第 1 章的测试实例及分布式系统特性可知,中德之间网络状态的优劣与动力系统分布式测试平台的测试效果直接相关,因此需要对中德两地之间的网络状态进行测量及分析。

面向网络层面的数据流量测量工作起步于 20 世纪 80 年代,其测量思路主要分为两类:以数据包为网络流量基本单位的网络数据流量测量,以及面向流级别的网络数据流量测量。本书采用以数据包为基本单位的流量测量方法,首先需要选取数据包抓取工具。现有的抓包工具主要有 Wireshark 抓包工具、MiniSinffer 抓包工具、WSExplorer 抓包工具等。本书选取科来 Ping 工具,对中德双方数据传输的数据包进行实时抓取。该工具具有可视性较强,测试结果易分析等特点,能够较为直观地提供网络丢包率、平均响应时间、最小响应时间、最大响应时间等观测信息,它的运行界面如图 3.1 所示。

在网络状态进行测试之前,由于数据存储条件和人员的限制,无法进行全天候网络状态测试,因此需要先确定测试时间段。由于网络状态受网络负载影响,而网络负载受同一时段用户量,以及用户对网络的利用率影响。根据中德两国实

第 3 章
数据传输分析

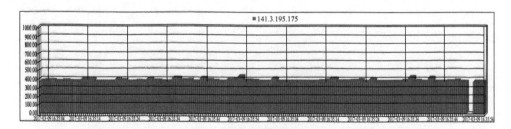

图 3.1　Ping 工具使用示例

际可能的测试时间,将 6:00 - 7:00,14:00 - 15:00,21:00 - 22:00 作为 3 个测试时间段,对该时间段的网络状态进行连续 1 周的测试,测试结果如表 3.1 和图 3.2 所示。

表 3.1　网络状态测量结果

测量日期	测量时间	探测包数/个	丢包数/个	丢包率(%)	最小往返时延/ms	均值/ms	方差
2017.3.14	14:00 - 15:00	2030	42	2	369	389.576	36.48
	21:00 - 22:00	2157	94	4	368	401.242	66.19
2017.3.15	14:00 - 15:00	2201	172	7	361	389.893	46.23
	21:00 - 22:00	2080	26	1	369	388.689	35.61
2017.3.16	14:00 - 15:00	2075	115	5	369	415.213	69.57
	21:00 - 22:00	2028	68	3	370	407.083	45.51
2017.3.17	6:00 - 7:00	938	68	7	267	353.724	73.03
	14:00 - 15:00	2281	21	0	368	392.681	32.57
	21:00 - 22:00	2158	98	4	368	401.104	54.39
2017.3.18	6:00 - 7:00	578	17	2	186	224.187	37.80
	14:00 - 15:00	1846	41	2	194	270.6	39.61
	21:00 - 22:00	2989	49	2	335	355.277	35.63
2017.3.19	6:00 - 7:00	2107	7	0	204	246.195	36.13
	14:00 - 15:00	991	4	0	206	280.689	27.48
	21:00 - 22:00	3496	16	0	335	346.655	19.90
2017.3.20	6:00 - 7:00	2092	187	8	271	356.504	43.39
	14:00 - 15:00	2292	48	2	334	369.458	58.36
	21:00 - 22:00	2134	314	14	204	308.031	43.64

由测试结果可知,由于不同时段网络状态不同,数据包的往返时延存在差别,根据统计,数据包的往返时延的均值在 200 ~ 400ms 之间。由表 3.1 可知,

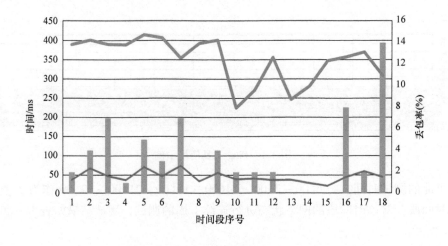

图 3.2 网络状态测试结果示意图

数据包的丢包率几乎都在 8% 以下。为了直观反映数据包的变化,对 2017 年 3 月 19 日 21:00–22:00 数据包往返时延进行可视化表示,如图 3.3 所示。

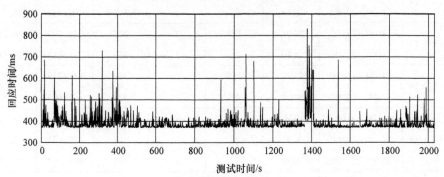

图 3.3 某时段数据包往返时延示意图

为了进一步研究数据包往返时延的分布情况,对该时段数据包往返时延进行数据处理,得到数据包往返时延频率分布图,如图 3.4 所示。

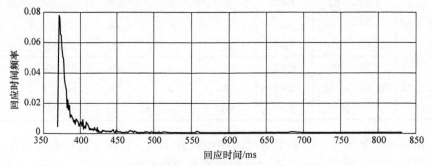

图 3.4 某时段内数据包往返时延频率分布

由图 3.3 和图 3.4 可知，该时段的数据包往返时延具有以下特征：
- 由于采样为离散采样，因此数据包的往返时延是跳变的。
- 数据包的往返时延频率分布会出现峰值，即在某一时段往返时延出现概率最高，在图 3.4 所示时段为 375ms。
- 数据包往返时延会出现尖峰，意味着某一时刻受网络环境影响，数据包传输过程中出现突发大时延。
- 除突发大时延外，大部分数据包往返时延集中在某一范围内。

对所有时段进行数据可视化以及频率分布，可知所有时段的数据特征均满足以上所列举的数据特征。因此在涉及中德两地数据传输的测试中，可做出以下假设：
- 数据包的往返时延频率分布存在峰值。
- 数据包在传输过程会出现突发大时延，当往返时延大于 1000ms 时，认为该数据包丢失。
- 除突发大时延外，数据包的往返时延集中在某一范围内。

3.2 模块数据传输分析

在本书中，模块指代具有独立功能的硬件单元或软件单元，如驾驶员模型、车辆模型、驱动电机等。模块自身的设置与特性与数据传输的影响关系在本节下文进行进一步讨论。

3.2.1 模型参数设置

在本书中，由第 1 章 Model – in – the – Loop 的概念可知，Model – in – the – Loop 的测试验证对象为模型，组成环的其他部分为硬件或软件。对于 MATLAB/Simulink 模型的执行，一般遵循模型初始化（模型配置、执行顺序确定、内存分配）、进入仿真循环的步骤。在仿真循环中，每一步均按照原定执行顺序依次执行、输出。对于定步长求解器，其仿真步长为定值，缺乏变步长求解器在仿真过程中的误差控制机制，即缺乏步长计算这一步骤，无法通过改变步长来控制误差。但是使用变步长求解器，无法生成实时代码。考虑到 Model – in – the – Loop 与 Software – in – the – Loop 的衔接，因此选用定步长求解器。通常情况下，求解器步长越小，仿真精度越高；同时，求解器步长越小，计算消耗越大。Simulink 常用定步长求解器的精度等级见表 3.2。

表 3.2 Simulink 定步长求解器精度等级

求解器	积分方法	精度等级
Ode1	Euler's Method	1
Ode2	Heun's Method	2
Ode3	Bogacki – Shampine Formula	3
Ode4	Fourth – Order Runge – Kutta (RK4) Formula	4
Ode5	Dormand – Prince (RK5) Formula	5
Ode8	Dormand – Prince RK8 (7) Formula	8

Ode1、Ode3、Ode4 为三种常用定步长求解器，为了进一步研究其对于数据传输的影响，下面分析比较 Ode1、Ode3、Ode4 三种定步长求解器的性能。

常微分方程的一般形式见式 (3.1)：

$$\begin{cases} y' = f(x,y), x \in [a,b] \\ y(a) = y_0 \end{cases} \tag{3.1}$$

对于给定的时间序列，固定步长求解器通过基于连续状态的数值积分计算的当前点添加连续的模拟时间步长来计算下一个点。对于 Ode1 (Euler's Method)，一般求解方程见式 (3.2)

$$y_{n+1} = y_n + hf(x_n, y_n) \tag{3.2}$$

式中，n 为时间序列；y_n 为 $y(x_n)$ 的近似值；h 为步长，即 $h = (b-a)/n$。

由于 $y(x_n)$ 被替换为 y_n，局部截断误差 ε_{n+1} 存在并且可以表征计算精度，即

$$\varepsilon_{n+1} = y(x_{n+1}) - y(x_n) - hg(y(x_{n+1}), y(x_n), \cdots, y(x_{n-r})) \tag{3.3}$$

基于泰勒级数展开，假设 $y(x)$ 在区间 $[x_0, x_n]$ 足够平滑。

设 $M = \max\limits_{x_0 \leq x \leq x_n} |y''(x)|$

$$y(x_{n-1}) = y(x_n) + hy'(x_n) + \frac{h^2}{2}y''(\xi), x_n < \xi < x_{n+1} \tag{3.4}$$

$$\begin{aligned} |\varepsilon_{n+1}| &= |y(x_{n+1}) - y(x_n) - hf(x_n, y(x_n))| \\ &= |y(x_{n+1}) - y(x_n) - hy'(x_n)| \\ &= \frac{h^2}{2}|y''(\xi)| \\ &\leq \frac{M}{2}h^2 \\ &= O(h^2) \end{aligned} \tag{3.5}$$

总体截断误差和 h 的关系如式 (3.6) 所示：

$$|e_n| = O(h) \tag{3.6}$$

若 $h=0.01\mathrm{s}$,则局部截断误差 ε_{n+1} 为 $0.1\mathrm{ms}$,总体截断误差为 $10\mathrm{ms}$。

对于 Ode3（Bogacki – Shampine Formula）,一般的求解方程见式（3.7）：

$$\begin{cases} y_{n+1} = y_n + \dfrac{1}{9}(2k_1 + 3k_2 + 4k_3) \\ k_1 = hf(x_n, y_n) \\ k_2 = hf\left(x_n + \dfrac{1}{2}h, y_n + \dfrac{1}{2}hk_1\right) \\ k_3 = hf\left(x_n + \dfrac{3}{4}h, y_n + \dfrac{3}{4}hk_2\right) \end{cases} \tag{3.7}$$

当方程满足 Lipschitz 连续性时,总体截断误差和 h 的关系如式（3.8）所示：

$$|e_n| = O(h^3) \tag{3.8}$$

若 $h=0.01\mathrm{s}$,则总体截断误差为 $10^{-3}\mathrm{ms}$ 的同阶无穷小。

对于 Ode4（Fourth – Order Runge – Kutta）,一般求解方程形式见式（3.9）：

$$\begin{cases} y_{n+1} = y_n + \dfrac{1}{6}(k_1 + 2k_2 + 3k_3 + k_4) \\ k_1 = hf(x_n, y_n) \\ k_2 = hf\left(x_n + \dfrac{1}{2}h, y_n + \dfrac{1}{2}k_1\right) \\ k_3 = hf\left(x_n + \dfrac{1}{2}h, y_n + \dfrac{1}{2}k_2\right) \\ k_4 = hf(x_n + h, y_n + k_3) \end{cases} \tag{3.9}$$

当方程满足 Lipschitz 连续性时

$$|e_n| = O(h^4) \tag{3.10}$$

若 $h=0.01\mathrm{s}$,这里总体截断误差 e_n 为 $10^{-5}\mathrm{ms}$ 的同阶无穷小。

由几种求解器的总体截断误差可知,在仿真步长一定的情况下,Ode1、Ode3、Ode4 的误差依次减小。

为了验证不同求解器的车辆控制器运算速度,利用软件在环的方法,对不同求解器的实际效果进行验证。将不同求解器下的 MATLAB/Simulink 纵向动力学模型分别生成 C 代码,下载到控制器硬件。实时仿真器或 PC 输入加速踏板位置信号,控制器输出仿真速度。计算循环的总数限制为 200。考虑到控制器性能,设 $h=0.02\mathrm{s}$,因此总仿真时间为 $3.4\mathrm{s}$。表 3.3 ~ 表 3.5 显示了不同加速踏板位置下,求解器和仿真速度的关系。

表 3.3 求解器与仿真速度的关系（加速踏板开度为 30%）

求解器类型 \ 测试序列	1	2	3
Ode1（Euler）	0.0760	0.0730	0.0743
Ode3（Bogacki – Shampine）	0.0770	0.0756	0.0763
Ode4（Fourth – Order Runge – Kutta）	0.0800	0.0772	0.0766

表 3.4 求解器与仿真速度的关系（加速踏板开度为 50%）

求解器类型 \ 测试序列	1	2	3
Ode1（Euler）	0.1514	0.1505	0.1508
Ode3（Bogacki – Shampine）	0.1565	0.1538	0.1597
Ode4（Fourth – Order Runge – Kutta）	0.1599	0.1555	0.1638

表 3.5 求解器与仿真速度的关系（加速踏板开度为 100%）

求解器类型 \ 测试序列	1	2	3
Ode1（Euler）	0.3332	0.3261	0.3390
Ode3（Bogacki – Shampine）	0.3457	0.3392	0.3461
Ode4（Fourth – Order Runge – Kutta）	0.3533	0.3493	0.3574

表 3.3～表 3.5 表明，Ode1、Ode3 和 Ode4 具有不同的计算误差。同时，通过微分方程计算实际速度，其初始速度为 0m/s，$t=3.4s$。车辆动态模型的实际速度为 4.7355m/s，实际速度为 4.7071m/s。该误差由 Simulink 的固定步长解算器和延迟块引起。根据速度数据，误差率小于 1%。因此，这种设置可以在此情况下被接受和应用。

另外，由于车辆模型包含代数环，为了解决这一问题，可以使用 Simulink 中的某些模块，包括传输延迟模块、记忆模块或传递函数（简称为 fcn）模块。对于不同模块，时间和速度之间的关系如图 3.5 所示。

由图 3.5 可知，采样频率为 50Hz，步长为 20ms 时，具有三个不同模块的车辆模型的速度可以符合实际速度。这三个模块中有一个主要区别：fcn 模块在代数环中添加惯性环节，记忆模块添加积分环节，传输延迟模块添加延迟环节。对于惯性循环，传递函数为 $G(s)=K/(Ts+1)$。一般来说 T 与求解器步长相同。对于记忆模块，传递函数是 $G(s)=K/s$，其频率取决于求解器。对于传输延迟模块，传递函数 $G(s)=e^{-\tau s}$，τ 为延迟时间。在这里，τ 与求解器步长一致。当与求解器步骤不同时，会导致产出波动。对于这种车辆动态模型中的三种块，主要

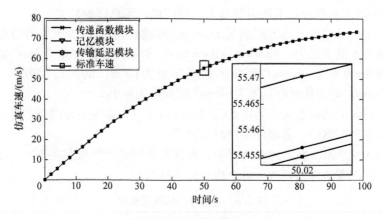

图 3.5 不同 delay 模块比较

区别是迭代次序。对于具体的时间点，三个模块的迭代差大约是步长。为了便于下载到控制器，通常选择传输 fcn 模块和记忆模块。

3.2.2 采样时间

对于分布式仿真测试，模型的采样时间设置对于仿真结果有很大影响。对于模块内部来说，采样时间需根据实际情况设定，对于对时间变化不敏感的模块，通常设置的采样时间较大，例如系统环境温度，往往设置为 0.1s 或更大，因为环境温度随时间变化率较低。而对于对时间变化敏感的模块，通常设置的采样时间较小，例如动力蓄电池 SOC、燃料电池与动力蓄电池的电流、电压等。

由图 3.6（见彩插）可知，采样时间越大，采样正弦曲线的失真度越高。图中采样周期为 0.001s 和 0.01s 的采样正弦曲线失真度明显低于采样周期为 0.1s、

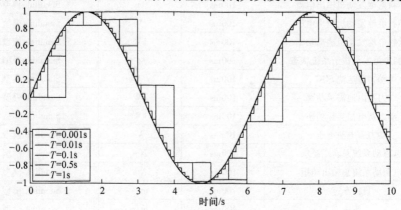

图 3.6 采样时间不同对采样正弦曲线的影响

0.5s 和 1s 的正弦曲线。采样周期越大，对模块内运算影响越大。

根据求解器精度，当方程满足 Lipschitz 连续性时，Ode3 求解器的总体截断误差和步长 h 的关系为：若 $h=0.001s=1ms$，则总体截断误差为 $1ms^3$ 的同阶无穷小。若 $h=0.01s=10ms$，则总体截断误差为 $10^3 ms^3$ 的同阶无穷小。若 $h=0.1s=100ms$，则总体截断误差为 $10^6 ms^3$ 的同阶无穷小。

采样时间的选取首先需要考虑燃料电池汽车动力系统本地测试的采样时间要求，即非远程测试中，各部件采样时间要求。

如表 3.6 所示，在非远程测试中，各部件采样时间要求存在差异。在远程测试中，可利用零阶保持器统一各个模块的采样时间。

表 3.6 各部件采样时间要求

名称	采样时间	单位	备注
燃料电池发动机输出电流	20ms	A	硬件
燃料电池发动机输出电压	20ms	V	硬件
燃料电池发动机输出功率	20ms	kW	硬件
燃料电池发动机子系统状态	20ms	/	硬件
动力蓄电池 SOC	20ms	/	硬件
动力蓄电池需求功率	20ms	kW	硬件
动力蓄电池实际功率	20ms	kW	硬件
动力蓄电池电压	20ms	V	硬件
电驱动系统总转矩需求	100ms	Nm	硬件
电驱动系统总输出转矩	100ms	Nm	硬件
目标车速	100ms	m/s	硬件
车速	100ms	m/s	硬件
环境温度	100ms	℃	硬件
燃料电池发动机输出电流	100ms	A	Simulink 模型
燃料电池发动机输出电压	100ms	V	Simulink 模型
燃料电池发动机输出功率	100ms	kW	Simulink 模型
燃料电池发动机子系统状态	100ms	/	Simulink 模型
动力蓄电池 SOC	100ms	/	Simulink 模型
动力蓄电池需求功率	100ms	kW	Simulink 模型
动力蓄电池实际功率	100ms	kW	Simulink 模型
动力蓄电池电压	100ms	V	Simulink 模型
电驱动系统总转矩需求	100ms	Nm	Simulink 模型
电驱动系统总输出转矩	100ms	Nm	Simulink 模型
目标车速	100ms	m/s	Simulink 模型
车速	100ms	m/s	Simulink 模型
环境温度	100ms	℃	Simulink 模型

信号失真的程度可用失真系数或失真度表示，其定义是全部谐波能量与基波能量之比的平方根值[124]。失真度的定义主要针对正弦波形式给出，它假设理想正弦波形只有单一的基波频率信息分量，其他频率分量均为失真分量。

$$\gamma = \sqrt{\frac{P - P_1}{P_1}} \qquad (3.11)$$

式中，γ 为失真度；P 为信号总功率；P_1 为基波信号的功率。

由于失真度的定义主要针对正弦波形，因此在中德两地间以特定步长发送和接收正弦波形信号，以考察两地间数据传输的失真度，测试分为四类，分别为均以 1ms 发送和接收，均以 10ms 发送和接收，均以 50ms 发送和接收，以及以 1ms 发送、以 50ms 接收，如表 3.7 所示。

表 3.7　模块间采样时间测试列表

测试名称	发送	接收
测试 1	1ms	1ms
测试 2	10ms	10ms
测试 3	50ms	50ms
测试 4	1ms	50ms

每类测试重复三次，计算失真度，测试结果如图 3.7 所示，其中柱形图表示每次测试正弦波形信号失真度，折线图表示每类测试失真度的平均值。

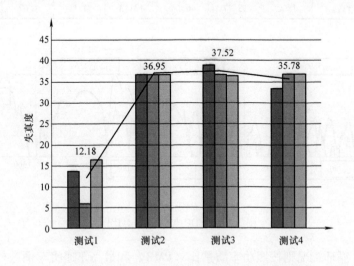

图 3.7　模块间不同采样时间失真度示意图

由图 3.7 可知，当采样时间为 1ms 时，失真度最低；当采样时间为 10ms 时，失真度急速上升；当采样时间为 50ms 时，失真度略有上升；当发送端和接收端的采样时间不一致时，失真度与采样时间大的失真度接近。因此，为了使失真度降低，发送端与接收端均采用 1ms 的采样时间。

3.2.3 测试工况选取

表 3.8 和图 3.8 是 NEDC 和 WLTC 循环工况的对比，由图 3.8 可知，NEDC 工况适用于最大总质量不超过 3.5t 的 M1、M2 和 N1 类汽车。NEDC 循环工况比较单一，只模拟了市区和市郊两种：市区工况为低速行驶工况，时长 780s；市郊工况为高速行驶工况，时长 400s；两部分总时长 1180s，加权里程自带权重系数，无调整权重。

表 3.8 工况解析对比表

类别	时间/s	历程/km	平均车速/(km/h)	最大车速/(km/h)	最大减速度/(km/h)	最大加速度/(m/s²)	急速时间(%)
NEDC（市区）	780	4.04	18.79	50	1	1.04	32.30
NEDC（市区+市郊）	1180	11.04	33.68	120	1.39	1.04	24.80
WLTC（低+中）	1022	7.82	27.53	76.6	1.5	1.61	19.67
WLTC（高）	1477	14.94	36.41	97.4	1.5	1.67	15.64
WLTC（超高）	1800	23.27	46.54	131.3	1.5	1.67	13.20

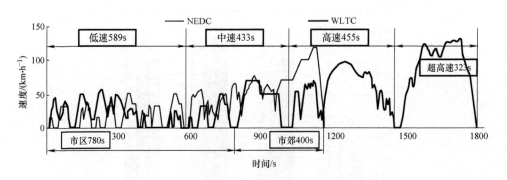

图 3.8 NEDC 与 WLTC 对比图

WLTC 循环工况则按照功率质量比（PMR）和最高车速将车辆进行分类，主要包括四个部分：低速、中速、高速和超高速，各部分的循环时间分别为：589s、433s、455s 和 323s。一般情况下，乘用车主要选择 WLTC（高）和 WLTC（超高）。其对排放的加权只有里程自带权重系数，也无调整权重。因此在本书中选择 WLTC 工况。由于本书中选取的燃料电池车为低速观光车，因此将 WLTC 工况折算为原工况的 0.278 倍。

3.2.4 模块间数据传输分析

对于子模型在不同地区、不同设备上运行的情况，设备之间需要完成数据传输，该类数据传输有串行和并行两类运算逻辑。串行计算是指各个任务按顺序依次计算执行，执行完前一任务才能执行下一任务。并行计算指多个任务可以同时执行[125]。两种计算方式如图 3.9 和图 3.10 所示。

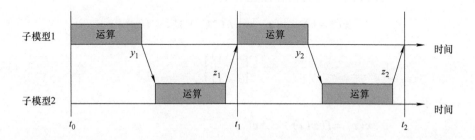

图 3.9　联合仿真中两子模型之间的串行计算方式

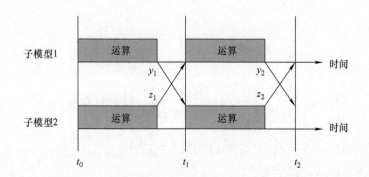

图 3.10　联合仿真中两子模型之间的并行运算方式

分布式系统的信息流如图 3.11 所示。

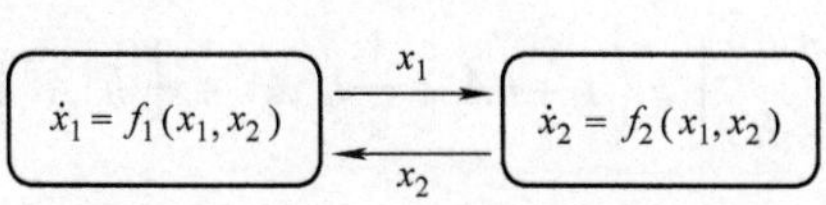

$$\dot{x}_1 = f_1(x_1, x_2) \quad \xrightarrow{x_1} \quad \dot{x}_2 = f_2(x_1, x_2)$$
$$\xleftarrow{x_2}$$

图 3.11　分布式架构信息流示意图

综合考虑求解器效率和计算量，选择 Ode3 作为求解器，其求解公式为

$$\begin{cases} x_{n+1} = x_n + \dfrac{1}{9}h_n(2k_1 + 3k_2 + 4k_3) \\ t_{n+1} = t_n + h_n \\ k_1 = f(t_n, x_n) \\ k_2 = f\left(t_n + \dfrac{1}{2}h_n, x_n + \dfrac{1}{2}h_n k_1\right) \\ k_3 = f\left(t_n + \dfrac{3}{4}h_n, x_n + \dfrac{3}{4}h_n k_2\right) \end{cases} \quad (3.12)$$

令 $h_n = h$，则两侧系统的状态方程可记为

$$\boldsymbol{x}(t+h) = \boldsymbol{x}(t) + \frac{1}{9}h(2\boldsymbol{k}_1 + 3\boldsymbol{k}_2 + 4\boldsymbol{k}_3)$$

$$\boldsymbol{x} = \begin{bmatrix} x_1(t) \\ x_2(t) \end{bmatrix} \quad (3.13)$$

由于

$$\begin{aligned} \dot{\boldsymbol{x}}(t) &= \boldsymbol{f}(\boldsymbol{x}(t)) = \boldsymbol{A}\boldsymbol{x}(t) \\ \dot{x}_1(t) &= f_1(x_1(t), x_2(t)) = a_{11}x_1(t) + a_{12}x_2(t) \\ \dot{x}_2(t) &= f_2(x_1(t), x_2(t)) = a_{21}x_1(t) + a_{22}x_2(t) \end{aligned} \quad (3.14)$$

并且

$$\begin{cases} \boldsymbol{k}_1 = \boldsymbol{f}(x(t)) = \begin{bmatrix} a_{11} & a_{12} \\ a_{21} & a_{22} \end{bmatrix}\begin{bmatrix} x_1 \\ x_2 \end{bmatrix} \\ \boldsymbol{k}_2 = \boldsymbol{f}\left(\begin{bmatrix} x_1(t) \\ x_2(t) \end{bmatrix} + \dfrac{1}{2}h\begin{bmatrix} a_{11} & a_{12} \\ a_{21} & a_{22} \end{bmatrix}\begin{bmatrix} x_1 \\ x_2 \end{bmatrix}\right) = \boldsymbol{A}\left(\boldsymbol{E} + \dfrac{1}{2}h\boldsymbol{A}\right)\boldsymbol{x} \\ \boldsymbol{k}_3 = \boldsymbol{f}\left(\boldsymbol{x} + \dfrac{3}{4}h\boldsymbol{k}_2\right) = \boldsymbol{A}\left(1 + \dfrac{3}{4}h\boldsymbol{A} + \dfrac{3}{8}h^2\boldsymbol{A}^2\right)\boldsymbol{x} \end{cases} \quad (3.15)$$

因此式 (3.13) 可记为

$$\boldsymbol{x}(t+h) = \left(1 + h\boldsymbol{A} + \frac{1}{2}h^2\boldsymbol{A}^2 + \frac{1}{6}h^3\boldsymbol{A}^3\right)\boldsymbol{x}(t) \quad (3.16)$$

因此

$$\boldsymbol{x}(t+h) = \begin{bmatrix} x_1(t+h) \\ x_2(t+h) \end{bmatrix} = \left(1 + h\boldsymbol{A} + \frac{1}{2}h^2\boldsymbol{A}^2 + \frac{1}{6}h^3\boldsymbol{A}^3\right)\begin{bmatrix} x_1(t) \\ x_2(t) \end{bmatrix} + O(h^4)$$

$$(3.17)$$

如式(3.12)～式(3.17)所示，考虑到分布式系统的特殊性，x_1、x_2 分别由位于不同主机上的两个独立求解器求解，并且两求解器之间仅交换状态量信息，该状态信息即为两状态方程的耦合变量。若求解器的求解过程是同步的，并且没

有延迟发生，在这种情况下，对于 x_1 来说，x_2 为外部输入；同理，对于 x_2 来说，x_1 为外部输入，因此在 x_1，x_2 在下一时刻的状态方程为

$$\begin{bmatrix} x_1(t+h) \\ x_2(t+h) \end{bmatrix} = \left(1 + h\boldsymbol{A} + \frac{1}{2}h^2\boldsymbol{A}^2 + \frac{1}{6}h^3\boldsymbol{A}^3\right)\begin{bmatrix} x_1(t) \\ x_2(t) \end{bmatrix} + O(h^4) \qquad (3.18)$$

令时延为 0，对于第 2 章提及的三种组合架构分别进行仿真，以车速、燃料电池输出功率、蓄电池输出功率、电机转矩为研究对象，仿真结果如图 3.12 ~ 图 3.15（见彩插）所示。

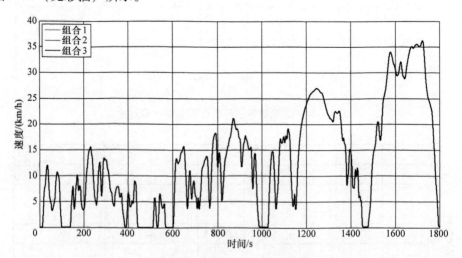

图 3.12　无延时下三种组合速度对比

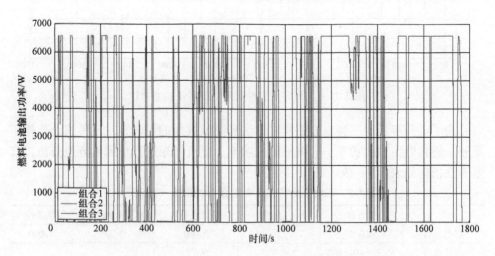

图 3.13　无延时下三种组合燃料电池功率对比

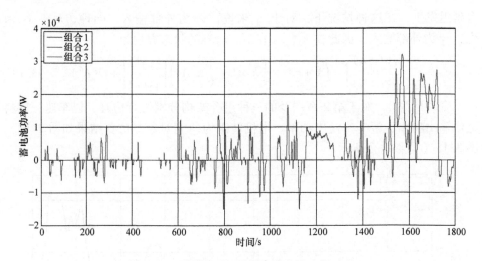

图 3.14 无延时下三种组合蓄电池功率对比

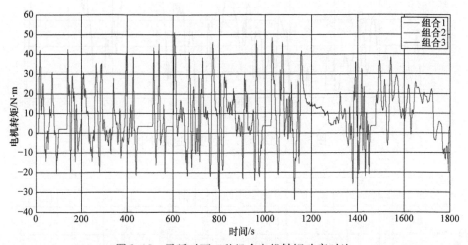

图 3.15 无延时下三种组合电机转矩功率对比

为了进一步说明三种组合架构对于仿真测试效果的影响,对三种组合架构下车速、燃料电池输出功率、蓄电池输出功率、电机转矩进行单因素方差分析,其显著性指标见表3.9~表3.12。

表3.9 三种组合方式下车速显著性指标(无延迟)

	平方和	df(自由度)	平均值平方	F(组方差值)	显著性
群组之间	0.000	2	0.000	0.000	1.000
在群组内	53 879 401.468	540 000	99.777		
总计	53 879 401.468	540 002			

第 3 章
数据传输分析

表 3.10　三种组合方式下燃料电池输出功率显著性指标（无延迟）

	平方和	df	平均值平方	F	显著性
群组之间	22 096.972	2	11 048.486	0.001	0.999
在群组内	4 850 421 699 701.035	540 000	8 982 262.407		
总计	4 850 421 721 798.008	540 002			

表 3.11　三种组合方式下蓄电池输出功率显著性指标（无延迟）

	平方和	df	平均值平方	F	显著性
群组之间	141 177.580	2	70 588.790	0.002	0.998
在群组内	24 329 037 393 280.656	540 000	45 053 772.951		
总计	24 329 037 534 458.234	540 002			

表 3.12　三种组合方式下电机转矩显著性指标（无延迟）

	平方和	df	平均值平方	F	显著性
群组之间	0.915	2	0.458	0.003	0.997
在群组内	93 327 122.817	540 000	172.828		
总计	93 327 123.733	540 002			

对于单因素方差分析来说，当显著性 >0.05 时，其假设"显著性指标无差异"成立。因此由图 3.12～图 3.15 及表 3.9～表 3.12 可知，三种组合架构在无延迟条件下，其车速、燃料电池输出功率、蓄电池输出功率、电机转矩无显著差异，即三种组合方式均可接受。但由于在实际操作中往往存在延迟，因此需考量在一定延迟条件下，三种组合方式是否存在差异。对三种组合方式注入 400ms 往返时延，其仿真结果如图 3.16～图 3.19（见彩插）所示。

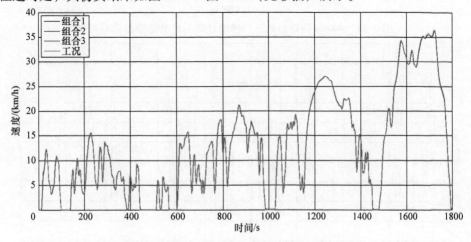

图 3.16　400ms 往返时延下三种组合车速对比

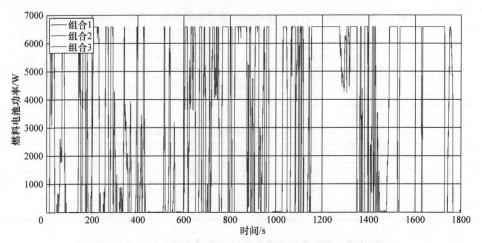

图 3.17 400ms 往返时延下三种组合燃料电池输出功率对比

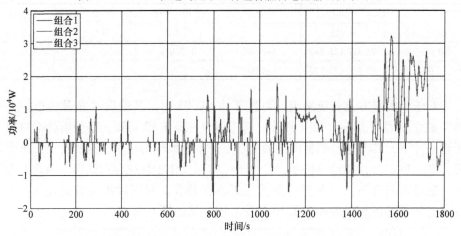

图 3.18 400ms 往返时延下三种组合动力蓄电池输出功率对比

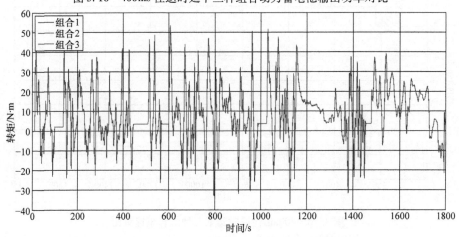

图 3.19 400ms 往返时延下三种组合电机转矩对比

为了进一步说明三种组合方式对于仿真测试效果的影响,对三种组合方式下车速、燃料电池输出功率、蓄电池输出功率、电机转矩进行单因素方差分析,其显著性指标如表 3.13 ~ 表 3.16 所示。

表 3.13 三种组合方式下车速显著性指标(400ms 往返时延)

	平方和	df	平均值平方	F	显著性
群组之间	0.039	2	0.020	0.000	1.000
在群组内	54 001 575.857	540 000	100.003		
总计	54 001 575.896	540 002			

表 3.14 三种组合方式下燃料电池输出功率显著性指标(400ms 往返时延)

	平方和	df	平均值平方	F	显著性
群组之间	38 408 445.501	2	19 204 222.750	2.142	0.117
在群组内	4 841 283 031 984.048	540000	8 965 338.948		
总计	4 841 321 440 429.549	540 002			

表 3.15 三种组合方式下蓄电池输出功率显著性指标(400ms 往返时延)

	平方和	df	平均值平方	F	显著性
群组之间	62 309 464.520	2	31 154 732.260	0.670	0.512
在群组内	25 111 176 222 416.438	540 000	46 502 178.190		
总计	25 111 238 531 880.958	540 002			

表 3.16 三种组合方式下电机转矩显著性指标(400ms 往返时延)

	平方和	df	平均值平方	F	显著性
群组之间	743.617	2	371.809	2.039	0.130
在群组内	98 492 138.445	540 000	182.393		
总计	98 492 882.062	540 002			

由图 3.16 ~ 图 3.19 及表 3.13 ~ 表 3.16 可知,三种组合方式在无延迟条件下,其车速、燃料电池输出功率、蓄电池输出功率、电机转矩显著性均大于 0.05,即无显著差异,三种组合方式均可接受。但是与无延迟的情况对比可发现,400ms 往返延迟下,显著性指标有明显下降,因此须从统计学与控制理论两种角度研究耦合方式的边界条件。

首先用同样的方法对模型进行再次仿真,设置其往返时延为 500ms,其显著性指标见表 3.17 ~ 表 3.20。

表3.17　三种组合方式下车速显著性指标（500ms 往返时延）

	平方和	df	平均值平方	F	显著性
群组之间	0.040	2	0.020	0.000	1.000
在群组内	54 039 349.917	540 000	100.073		
总计	54 039 349.957	540 002			

表3.18　三种组合方式下燃料电池输出功率显著性指标（500ms 往返时延）

	平方和	df	平均值平方	F	显著性
群组之间	1 362 065 004 847.731	2	681 032 502 423.866	114 094.881	0.000
在群组内	3 223 260 756 001.214	540 000	5 969 001.400		
总计	4 585 325 760 848.945	540 002			

表3.19　三种组合方式下蓄电池输出功率显著性指标（500ms 往返时延）

	平方和	df	平均值平方	F	显著性
群组之间	103 206 327.711	2	51 603 163.856	1.098	0.333
在群组内	25 375 848 375 075.934	540 000	46 992 311.806		
总计	25 375 951 581 403.645	540 002			

表3.20　三种组合方式下电机转矩显著性指标（500ms 往返时延）

	平方和	df	平均值平方	F	显著性
群组之间	1 562.101	2	781.050	4.199	0.015
在群组内	100 454 627.587	540 000	186.027		
总计	100 456 189.688	540 002			

由表3.17～表3.20可知，对于500ms往返时延的情况，燃料电池输出功率与电机转矩的显著性指标小于0.05，即不满足"显著性指标无差异"的假设。因此对于三种组合，其临界条件介于往返时延400ms与500ms之间。因此对燃料电池输出功率与电机转矩进行进一步仿真分析。

对432ms与434ms往返时延下三种组合方式燃料电池输出功率显著性指标进行考察（表3.21和表3.22），可知在432ms往返时延下其显著性指标为0.051＞0.05，在434ms往返时延下其显著性指标为0.048＜0.05，因此在$p = 0.05$显著性标准下，燃料电池输出功率在432ms以上不满足显著性要求。

同理，对444ms和446ms往返时延下三种组合方式电机转矩显著性指标进行考察（表3.23和表3.24），可知在444ms往返时延下其显著性指标为0.052＞0.05，在446ms往返时延下其显著性指标为0.049＜0.05，因此在$p = 0.05$显著性标准下，电机转矩在444ms以上不满足显著性要求。

表 3.21 三种组合方式下燃料电池输出功率显著性指标（432ms 往返时延）

	平方和	df	平均值平方	F	显著性
群组之间	53 275 435.070	2	26 637 717.535	2.973	0.051
在群组内	4 839 110 944 302.479	540 000	8 961 316.564		
总计	4 839 164 219 737.549	540 002			

表 3.22 三种组合方式下燃料电池输出功率显著性指标（434ms 往返时延）

	平方和	df	平均值平方	F	显著性
群组之间	54 349 051.388	2	27 174 525.694	3.033	0.048
在群组内	4 838 952 539 833.566	540 000	8 961 023.222		
总计	4 839 006 888 884.954	540 002			

表 3.23 三种组合方式下电机转矩显著性指标（444ms 往返时延）

	平方和	df	平均值平方	F	显著性
群组之间	1 090.600	2	545.300	2.965	0.052
在群组内	99 301 329.679	540 000	183.891		
总计	99 302 420.279	540 002			

表 3.24 三种组合方式下电机转矩显著性指标（446ms 往返时延）

	平方和	df	平均值平方	F	显著性
群组之间	1 109.189	2	554.594	3.015	0.049
在群组内	99 339 751.485	540 000	183.963		
总计	99 340 860.674	540 002			

考虑分布式系统的动力学性能，当组合架构为组合 1 时，输入和输出分别为

$$u_1 = [v_{\text{cycle}}], u_2 = \begin{bmatrix} v_{\text{act}} \\ p_{\text{req}} \end{bmatrix} \tag{3.19}$$

$$y_1 = \begin{bmatrix} p_{\text{fc}} \\ p_{\text{b}} \end{bmatrix}, y_2 = \begin{bmatrix} p_{\text{ist}} \\ T_{\text{soll}} \end{bmatrix}, y_3 = [T_{\text{EM}}] \tag{3.20}$$

当组合架构为组合 2 时，输入和输出分别为

$$u_1 = [v_{\text{cycle}}], u_2 = [p_{\text{ist}}] \tag{3.21}$$

$$y_1 = \begin{bmatrix} v_{\text{act}} \\ T_{\text{EM}} \end{bmatrix}, y_2 = [p_{\text{req}}], y_3 = \begin{bmatrix} p_{\text{fc}} \\ p_{\text{b}} \end{bmatrix} \tag{3.22}$$

当组合架构为组合 3 时，输入和输出分别为

$$u_1 = [v_{\text{cycle}}], u_2 = [v_{\text{act}}] \tag{3.23}$$

$$y_1 = [v_{act}], y_2 = [p_{req}], y_3 = \begin{bmatrix} p_{fc} \\ p_b \\ T_{EM} \end{bmatrix} \tag{3.24}$$

由文献 [90]，设

$$\Theta = \frac{P - R_d}{R_d} \tag{3.25}$$

式中，Θ 定义为失真度；P 为分布式系统的传递函数；R_d 为非分布式系统的传递函数。

令 G 为本地系统传递函数，G_s 为远程系统传递函数，u_1、u_2 分别为本地系统输入和远程系统输入，y_1、y_2、y_3 分别为本地系统输出、远程系统输出到本地和远程系统输出。因此

$$\begin{cases} \begin{bmatrix} y_1 \\ y_2 \\ y_3 \end{bmatrix} = \begin{bmatrix} G_{11} & G_{12} \\ G_{21} & G_{22} \\ G_{31} & G_{32} \end{bmatrix} \begin{bmatrix} u_1 \\ u_2 \end{bmatrix} \\ u_2 = G_s y_2 \\ y_3 = G_y y_2 \end{cases} \tag{3.26}$$

设 $y_1 = R_d u_1$，则

$$R_d = \frac{G_{11} + (G_{12}G_{21} - G_{11}G_{22})G_s}{1 - G_{22}G_s} \tag{3.27}$$

可设 $A = (G_{12}G_{21} - G_{11}G_{22})G_s$，当存在时延时

$$\begin{cases} \begin{bmatrix} \tilde{y}_1 \\ \tilde{y}_2 \\ \tilde{y}_3 \end{bmatrix} = \begin{bmatrix} G_{11} & G_{12} \\ G_{21} & G_{22} \\ G_{31} & G_{32} \end{bmatrix} \begin{bmatrix} u_1 \\ \tilde{u}_2 \end{bmatrix} \\ \tilde{u}_2 = \Delta G_s \tilde{y}_2 \\ \tilde{y}_3 = \Delta G_y \tilde{y}_2 \end{cases} \tag{3.28}$$

根据分布式系统的定义，设 $\tilde{y}_1 = P u_1$，则

$$P = \frac{G_{11} + \Delta A}{1 - \Delta G_{22} G_s} \tag{3.29}$$

$$\Theta = \frac{P - R_d}{R_d} = \frac{G_{12}G_{21}G_s(\Delta - 1)}{(1 - \Delta G_{22}G_s)(G_{11} + A)} \tag{3.30}$$

设本地动态变化率与远程动态变化率的比值为

$$S_r \triangleq \frac{\partial R_d / R_d}{\partial G_s / G_s}$$

$$= \frac{G_{12}G_{21}G_s}{(1-G_{22}G_s)(G_{11}+A)} \tag{3.31}$$

联立得

$$\Theta = S_r \frac{1-G_{22}G_s}{1-\Delta G_{22}G_s}(\Delta-1) \tag{3.32}$$

在 $\Delta=1$ 处进行泰勒展开，一阶展开结果为

$$\Theta = S_r(\Delta-1) + O((\Delta-1)^2) \tag{3.33}$$

由上式可知，当 $G_{11}\to\infty$ 时，此时 y_1 几乎完全由输入量 u_1 决定，与远程端的耦合可忽略不计；当 $G_{12}\to 0$ 时，远程端输入 u_2 对 y_1 的影响很小；当 $G_{21}\to 0$ 时，u_1 对耦合量 y_2 的影响很小；当 $G_r\to 0$ 时，远程系统对本地系统没有影响；当 $G_r\to\infty$ 时，远程系统能够不受本地系统的影响；当 $G_{22}\to\infty$ 时，远程系统同样能够不受本地系统的影响。

由上式可知，对于 y_2 来说，其失真度可表示为

$$\Theta_{y_2} = \frac{G_{22}G_s(\Delta-1)}{1-\Delta G_{22}G_s} \tag{3.34}$$

联系上文对 Θ 的分析可知，只有当 $G_s\to 0$ 时，Θ、Θ_{y_2} 同时达到理想状态，即受远程端影响较小。

文献 [126] 提出了一种权衡失真度的方法。设

$$\frac{\Theta_{cl}}{\Theta} = 1 + \Gamma(S-1) \tag{3.35}$$

这里

$$\Theta_{cl} = \frac{1}{R_d}\left(\frac{P}{1-PK} - R_d\right) \tag{3.36}$$

为闭环失真度。设

$$S = \frac{1}{1-PK} \tag{3.37}$$

为闭环系统的灵敏度函数。设

$$\Gamma = \frac{H_{12}H_{21}}{H_{11}H_{22}} \tag{3.38}$$

为权衡量。H 为多变量开环系统。

由上式可知，若 $\Gamma=1$，则闭环失真度与开环失真度的比值完全由闭环系统灵敏度函数决定；若 $\Gamma\neq 1$，则在闭环失真度与闭环系统灵敏度之间存在权衡。这里

$$\begin{aligned} H_{11} &= \Theta \\ H_{12} &= \Theta + 1 \\ H_{21} &= H_{22} = P \end{aligned} \tag{3.39}$$

因此

$$\Gamma = 1 + \frac{1}{\Theta} \tag{3.40}$$

首先令闭环失真度为 0，此时

$$S^* = 1 - \frac{1}{\Gamma} \tag{3.41}$$

令 $\Gamma = a + bi$，S^* 的解如图 3.20 所示。

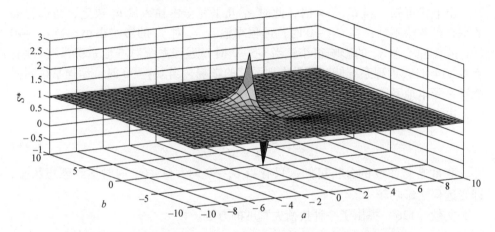

图 3.20　闭环失真度为 0 时闭环系统灵敏度与权衡量之间的关系

由图 3.20 可知，随着 Γ 的增加，闭环系统灵敏度迅速饱和到 1。闭环系统灵敏度极高或极低的区域狭窄，并且在该区域之外，无论权衡量 Γ 如何变化，闭环系统灵敏度的大小都接近于 1。因此，如果开环失真度对于所有耦合点都足够小，以考虑确保 Γ 在极高或极低区域之外，则权衡量此时不是主要决定因素，因为对于所有耦合点，闭环灵敏度接近于 1。

另外，如果在某一个耦合点使开环失真度非常高，此时，Γ 接近于 1，并且在相对失真衰减和闭环灵敏度之间几乎不存在显著的权衡现象。然而，权衡量较小的区域非常窄，并且灵敏度可以在 $\Gamma = 1$ 的紧密邻域中快速增大，因此低权衡量状态的稳定性较差。

对系统进行线性化假设，分别对三个耦合点失真度、闭环系统灵敏度和权衡量进行仿真，其结果如图 3.21～图 3.23（见彩插）所示。

如图 3.21 所示，对三种组合方式下的失真度 Θ 进行对比，可知在所有频率下，组合 3 的失真度小于组合 1 和组合 2，因此考虑失真度的情况下，组合 3 优于组合 1 和组合 2。

如图 3.22 所示，对三种组合方式下闭环系统灵敏度进行对比，可知在三种组合方式下，闭环系统灵敏度没有明显差异。

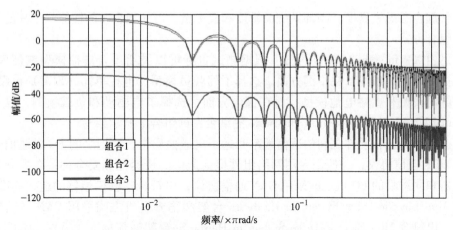

图 3.21　三种组合下 Θ 值对比

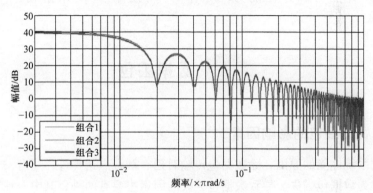

图 3.22　三种组合下 S 值对比

如图 3.23 所示，对三种组合方式的权衡量进行对比，可知在三种组合方式下，组合 3 的权衡量高于其他两种组合方式。

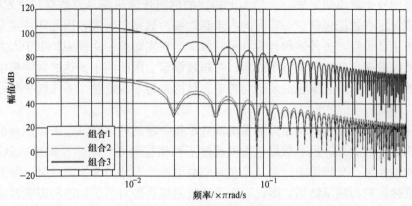

图 3.23　三种组合下 Γ 值对比

综合考虑失真度、闭环系统灵敏度和权衡量,可知组合3的性能优于其他两种组合方式。

由 X–in–the–Loop 可知,根据测试目标可以灵活组合虚拟模型或硬件。根据实际测试条件,在中国方面,选择了驾驶员模型、电控单元(ECU)模型、蓄电池模型和燃料电池模型,而在德国方面,选择了电驱动和负载模型,以及 Mini Electric Drive System in Hardware 测试台,即组合1所示架构。

为了保证软硬件之间的通信效率和远距离通信质量,两地之间 PC 机通信采用 UDP 通信协议,并使用专用网络组件保证通信的快速性和安全性;在驾驶模拟器和同济端的 PC 机之间采用 CAN 通信协议,以符合驾驶模拟器的通信标准;在 Mini Electric Drive System in Hardware 台架和德方主机之间采用 CAN 通信协议,以符合 Mini Electric Drive System in Hardware 台架通信标准。另外,考虑到 PC 实际运算能力和存储能力,所有 PC 均使用 Ode3 求解器,仿真步长为 0.001s。

3.3 数据丢包

3.3.1 数据丢包的影响因素

影响系统性能的原因,除数据包传输时延、耦合点选择外,还有一个重要的影响因素为数据包丢失。导致数据包丢失的因素主要有两种,其中一种因素和导致数据包传输时的数据时延的原因相似,由于数据在互联网的传输过程中,依附于无线网的传输信道,信道之间通过节点连接,在同一时期通过某个节点的数据包较多时,会出现数据包拥塞、数据之间互相挤兑,导致一些数据包无法正常通过节点而发生数据包丢失。虽然 TCP 协议的网络传输机制具有数据包重发机制,但系统设定在数据包超过一定时间内未到达视为数据包丢失,因此即使重发也将被系统主动丢弃。另外一种较为常见的因素是在实时控制系统中,由于人为地对系统接收数据包的机制进行了设置,将超过设定上限时间未到达的数据包主动丢弃,然后进行新的数据包的发送与传输,目的是为了保证整个系统能平顺地进行后续工作。

每一个较为完善的网络控制系统都有承担一定的网络数据包丢失而对系统性能造成影响的能力,但当数据包丢失超过了网络控制系统所承受的最大范围时,系统的性能将会受到影响,尤其是在对燃料电池汽车动力系统测试时,数据丢包将会直接影响到测试结果,因此确定系统数据包丢失对系统性能的影响就显得尤为重要。

数据包丢失和数据包乱序是导致数据丢失的两个主要要素。

- 数据包丢失

导致数据包丢失最直接的因素就是在网络负载大或者网络质量差的情况下，数据包在信道传输的过程中出现阻塞而使得数据包丢失或者节点与节点之间的连接中断。因数据在节点的发送和接收并不是无时间限制的，当数据在规定的时间期限内没能成功将数据包发送出去或者节点没能成功接收到下一时段的数据包时，系统也会主动丢弃数据包。

数据包在无线网络控制系统的传输过程中就像电流在电路中的流动，数据包发生丢失，就意味着电路中的开关断开，使得网络控制系统的稳定性受到影响，尽管一个网络控制系统在设计之初，设计者均会考虑系统参数的鲁棒性能，但是完善的鲁棒性能也会使系统的性能降低。

- 数据包乱序

数据包乱序是数据包在传输过程中的顺序发生变化，几乎所有的网络控制系统都会有数据包传输时乱序的现象出现。由于数据包在信道传输的过程中要经过多个节点，各个节点的数据包负载大小并不相同，导致数据包在各个节点的延时时长不同，导致数据包在传输的过程中出现乱序的现象。乱序会导致数据在一定程度上丢失。

数据包丢失对系统稳定性造成不同程度的影响，现存有较多的文献研究数据包丢包对网络控制系统稳定性的影响，Sun[127]在文献中将数据丢包细分为传感器与控制器之间的丢包、控制器与执行器之间的丢包，定量分析了不同数据丢包对系统稳定性的影响。Cheng 等人[128]研究了丢包对 DC/DC 无线并联系统的稳定性的影响，通过对系统进行建模并离散化系统状态，分析了不同丢包率对稳定性的影响，得出了系统稳定所允许的最大丢包率，通过试验的方法验证了数据包丢失对系统主从模块的影响。本书将燃料电池汽车动力系统分布式测试平台简化为一个网络控制系统，网络控制系统中出现的通信带宽不足或信道干扰等问题会导致数据包丢失，导致系统稳定性能下降。

针对网络控制系统数据丢包的问题，有两种较为常见的研究方法：一是忽略系统时延，只考虑数据包丢失，将其看作有一定发生概率的事件；二是在不忽略时延的情况下，将数据包丢失定量为数据包之间传输时间的允许度。综合文献后，本书采用第一种研究方法。

3.3.2 具有数据丢包的状态方程

联合第 2 章各部件模型可得到动力系统时域内的数学模型，燃料电池汽车动力系统是一个多输入多输出且为非线性的动力系统，为了研究方便，对其进行了适当的简化，可以抽象为一个符合动力系统的线性定常控制系统，因此我们可以

将其简化为系统的空间状态方程。建立系统空间状态方程如下

$$\begin{cases} \dot{x} = Ax + Bu \\ y = Cx + Du \end{cases} \quad (3.42)$$

其中矩阵 $A \in R^{n \times n}$，$B \in R^{n \times r}$，$C \in R^{r \times n}$，$D \in R^{r \times r}$，$r < n$。其中 A，B，C，D 由系统参数确定。状态向量 $x = \begin{bmatrix} \Delta U & U_b & I_m \end{bmatrix}^T$，输入向量 $u = \begin{bmatrix} I_f & P_{\min} \end{bmatrix}^T$，输出向量：$y = \begin{bmatrix} U_{busls} & 0 \end{bmatrix}^T$，系统矩阵分别为

$$A = \begin{bmatrix} -\dfrac{1}{T_f} & 0 & 0 \\ 0 & 0 & \dfrac{1}{C} \\ 0 & 0 & -\dfrac{1}{T_m} \end{bmatrix}, B = \begin{bmatrix} \dfrac{K_f}{T_f} & 0 \\ -\dfrac{1}{C} & 0 \\ 0 & \dfrac{K_m}{T_m} \end{bmatrix}, C = \begin{bmatrix} 0 & 1 & R \\ 0 & 0 & 0 \end{bmatrix}, D = \begin{bmatrix} 0 & 0 \\ 0 & 0 \end{bmatrix}$$

$$(3.43)$$

假设只有传感器与控制器之间和控制器与执行器之间有网络连接且发生数据包随机丢失，忽略系统时延。将系统状态方程离散化，可得控制系统的离散化状态方程如下

$$\begin{cases} x(k+1) = Ax(k) + Bu(k) \\ y(k) = Cx(k) + Du(k) \end{cases} \quad (3.44)$$

考虑动力系统台架的参与，两侧均为转矩控制，工况速度谱输入驾驶员模型，驾驶员模型计算得到期望转矩输入到驱动电机端（转矩控制端），同时该转矩受到燃料电池与蓄电池的功率限制。该转矩与测功机端（转矩控制端）的阻力矩相平衡，得到的实际车速反馈到驾驶员模型。控制器到电机和电机到能量源均通过无线网连接，令控制器到电机的无线网络数据传输丢包率为 α，令电机到能量源的无线网络数据传输丢包率为 β。因此燃料电池汽车动力系统分布式测试平台的空间状态方程如式（3.45）所示：

$$\begin{cases} x(k+1) = Ax(k) + EBu(k) \\ y(k) = Cx(k) + EDu(k) \end{cases} \quad (3.45)$$

其中 $E = \begin{bmatrix} \beta & \alpha \end{bmatrix}^T$。

3.3.3 基于马尔科夫随机过程的数据丢包模型

随机丢包过程描述如下：假设零阶保持器在 $i_k(k=1,2,\cdots,L)$ 时刻成功接收到数据包，令 $\Theta = \{i_1, i_2, \cdots, L\}$ 为 $\{1, 2, 3, \cdots, L\}$ 的子序列，其中 i_k 表示第 k 次到达零阶保持器的数据包对应采样器 i_k 时刻的数据，即 i_k 时刻对应的数据包未丢失，两个成功的传输之间的连续丢包数为

第 3 章
数据传输分析

$$\eta(i_k) = i_{k+1} - i_k, i_k \in \Theta \tag{3.46}$$

最大丢包上界为

$$s = \max_{i_k \in \Theta}\{\eta(i_k)\} = \max_{i_k \in \Theta}\{i_{k+1} - i_k\} \tag{3.47}$$

若 $\forall k \in Z_+$,$i_{k+1} - i_k = 1$,则表明没有数据包丢失。令 $i_0 = 0$,则

$$\bigcup_{k=0}^{\infty}[i_k, i_{k+1}) = [0, \infty) \tag{3.48}$$

【定义 3.1】丢包过程定义为式 (3.46),它在有限状态空间 $\{1, 2, \cdots, s\}$ 中取值,即 $\eta(i_k) \in S = \{1, 2, \cdots s\}$。

【定义 3.2】任何一个数据丢包均为随机的,它在 Θ 中任意取值。

【定义 3.3】定义 3.2 所描述的丢包过程是 Markov 过程,它是概率空间上的一个离散时间齐次马尔可夫链,并且其转移概率阵为

$$\Pi = (p_{ij}) \in R^{s \times s} \tag{3.49}$$

对所有的 $i, j \in S$,都有

$$p_{ij} = P\{\eta(i_{k+1}) = j | \eta(i_k = i)\} \geq 0 \tag{3.50}$$

并且 $\sum_{i=1}^{s} p_{ij} = 1$ 对任何 $i \in S$ 成立。

【注 3.1】:马尔科夫丢包过程可以视为任意丢包的一种特殊情况。

【注 3.2】:当 $\Pi = \begin{bmatrix} p & 1-p \\ p & 1-p \end{bmatrix}$,$0 \leq p \leq 1$,马尔科夫过程归结为伯努利过程。

【定义 3.4】对于马尔可夫丢包系统,当无扰动输入时,在初始条件 $x(0) = x_0$ 下,若满足

① $\lim_{k \to \infty} E[\|x(k)\|^2 | x_0, r_0] = 0$,则系统是均方稳定的。

② $\sum_{k=0}^{\infty} E[\|x(k)\|^2 | x_0, r_0] < \infty$,即 $\|x\|_2 < \infty$,则系统是随机稳定的。

③ $E[\|x(k)\|^2 | x_0, r_0] < \beta\alpha^k \|x_0\|^2, 0 < \alpha < 1, \beta > 0$,则系统是指数均方稳定的。

这三个条件其实是等价的,皆为二阶矩阵法稳定(SMS Second Moment Stability)。

网络数据包的丢失是没有规律的一种随机事件,设一随机变量 X 代表丢包事件

$$\begin{cases} X = 0 & "no \quad packet \quad lost" \\ X = 1 & "a \quad packet \quad lost" \end{cases} \tag{3.51}$$

概率 P 表示由 0 状态到 1 状态,记为 P_{01},概率 Q 表示由 1 状态到 0 状态。

$$P(X = 1 | X = 0) = \frac{\text{发生丢包事件的次数}}{0 \text{ 状态出现的次数}} \tag{3.52}$$

$$P(X=0|X=1) = \frac{\text{发生丢包事件的次数}}{1 \text{ 状态出现的次数}} \tag{3.53}$$

$1-P$ 表示为 P_{00}，即 $P(X=0|X=0)$，$1-Q$ 表示为 P_{11}，即 $P(X=1|X=1)$，其关系如图 3.24 所示。

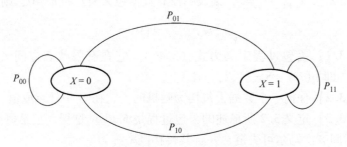

图 3.24　马尔科夫丢包的概率函数示意图

设 P_1 为总平均丢包率，P_0 为总平均不丢包率，P_1 记为 ulp，即无条件丢包概率，P_{11} 记为 clp，即条件丢包概率。ulp 为网络的平均丢包概率，clp 反映了网络中丢包间的相关性。

$$\begin{aligned}
P_0 &= \frac{0 \text{ 状态出现的次数}}{0 \text{ 状态出现次数} + 1 \text{ 状态出现次数}} \\
&= \frac{\text{发生丢包次数}/P}{\text{发生丢包次数}/P + 1 \text{ 状态出现次数}} \\
&= \frac{1/P}{1/P + 1 \text{ 状态}/\text{发生丢包次数}} \\
&= \frac{\dfrac{1}{P}}{\dfrac{1}{P} + \dfrac{1}{Q}} = \frac{Q}{P+Q}
\end{aligned} \tag{3.54}$$

$$P_1 = 1 - P_0 = \frac{P}{P+Q} \tag{3.55}$$

$$Q = 1 - clp \tag{3.56}$$

$$P = \frac{ulp(1-clp)}{1-ulp} \tag{3.57}$$

连续丢包长度为 K 的概率几何分布

$$\begin{aligned}
P(Y=K) &= P(X=1|X=1)^{k-1} P(X=0|X=1) \\
&= clp^{k-1}(1-clp) \\
&= (1-Q)^{k-1} Q
\end{aligned} \tag{3.58}$$

Y 的期望 $E(Y)$ 如式 (3.59) 所示：

$$E(Y) = \sum_{k=0}^{\infty} kP(Y=k)$$

$$= \sum_{k=0}^{\infty} kclp^{k-1}(1-clp)$$

$$= (1-clp)\sum_{k=1}^{\infty} kclp^{k-1}$$

$$= (1-clp)\frac{d}{dclp}\sum_{k=1}^{\infty} clp^k$$

$$= (1-clp)\frac{d}{dclp}(\sum_{k=0}^{\infty} clp^k - 1)$$

$$= (1-clp)\frac{d}{dclp} \cdot \frac{clp}{1-clp}$$

$$= \frac{1}{Q} \tag{3.59}$$

基于对马尔科夫随机过程的模型研究以及实地测试的中德双方的网络质量的结果得出,各时段的连续丢包长度与丢包次数见表 3.25。

表 3.25 连续丢包长度统计

连续丢包长度	0	1	2	3	4
发生丢包次数	1988	19	5	3	1

注：选取 2017.3.14 3pm–4pm 时段。

因此,根据公式可计算出丢包概率见表 3.26。

表 3.26 单位时段丢包参数值

参数	ulp	clp	P	Q	$E(Y)$
参数值	0.021	0.333	0.014	0.667	1.499

注：选取 2017.3.14 3pm–4pm 时段。

由表 3.26 可知,该测试时段的丢包率为 0.021,且数据丢包之间的相关性不强,各丢包事件发生的概率为一随机事件。连续丢包的长度为 1.499,说明发生数据丢包的事件趋于单包丢失。

系数矩阵 B 前的系数矩阵 E 为一随机的变量,各变量之间相互独立,其服从 0-1 分布,符合网络数据包传输丢包率的取值范围。通过 Simulink 进行仿真分析,仿真结果如图 3.25 所示。

通过 Simulink 仿真分析的结果可知,数据丢包事件是随机的,且连续丢包数发生较少,这也验证了连续丢包长度趋于 1 的理论分析结果。

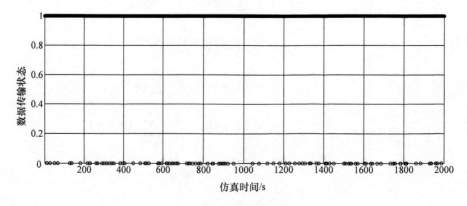

图 3.25　丢包仿真结果

3.4　本章小结

本章首先对中德之间的网络状况进行测量，得出了中德之间网络状态的一般规律。随后对模块自身的设置与特性与数据传输的影响关系进行了讨论，包括求解器设置、模块设置、采样时间设置等，并选取了测试工况。针对不同组合架构的耦合问题，讨论了各组合架构下的数据传输效果。针对中德网络中存在的数据丢包问题，分析了数据丢包的影响因素，建立了考虑数据丢包的系统状态方程，并建立了基于马尔科夫随机过程的数据丢包模型。

第 4 章
数据传输对汽车动力系统分布式测试平台性能的影响

第 3 章分析了系统数据传输,尽管取得了进展,但一些问题仍未得到解答,包括:如何评估开发和验证理论的有效性,如何确定远程测试和本地测试之间的差异,如何衡量这种差异,数据丢包对于系统性能有怎样的影响等。本章就系统透明度与数据丢包影响两个问题进行分析。

4.1 系统透明度分析

4.1.1 透明度理论

Householder[129]在空间机械臂遥操作领域中指出,所谓系统的透明度,是指从机械臂跟踪主机械臂的位移和受力的准确性,能够让操作者感觉到好像在直接对环境进行操作,具有身临其境的"透明"的感觉,透明度是遥操作系统的重要指标[130]。Lawrence 等[88]结合了遥操作机械臂和空间探索中的实际问题,提出了透明度这一衡量远距离分布式系统操作人员主观感受的指标。Çavusoglu[131]等结合了远程手术这一实际应用背景,对透明度的表达公式进行了加权修正。另外,不同于以上利用阻抗表达透明度的方法,Yokokohji[89]等采用位置和力信号的对应关系来度量透明度。当主位置与从位置重叠时,此时可认为透明度为最高。此外,Natori 等[132]使用位置和力信号之间的对应关系,称为 H 矩阵,来测量透明度。

值得注意的是,上述方法针对的是线性系统,其用于设定值的参数。在分布式非线性系统中,耦合关系复杂,因此很难计算阻抗或 H 矩阵,这使得非线性系统的透明度描述方法成为必要。由于在线性系统中,力和位置是主观感受的度量,在非线性系统中,有必要寻找变量和主观感受之间的定量关系。在心理学领域,韦伯-费希纳定律表明了心理量和物理量之间关系,即感觉的差别阈限随刺激量的变化而变化,而且呈现出一定的规律性,即

$$\frac{\Delta \Phi}{\Phi} = C \tag{4.1}$$

式中，Φ 为原刺激量；$\Delta\Phi$ 为此时的差别阈限；C 为常数，又称为韦伯率[133]。Sakr 等[134]将韦伯-费希纳定律引入了机器人触觉感知领域，使用 Friedman 统计方法衡量遥操作机器手臂的综合性能，建立了变量和主观感受之间的定量关系。

本书中涉及的实验系统平台位于中德两地，利用互联网进行数据传输交互。由于互联网数据传输具有大时延丢包等特点，给系统附加了额外的不确定性。该附加不确定性是否可以忽略需要着重讨论。而透明度是衡量该附加不确定性的重要指标。

Tulga Ersal[54]等人利用了 ANOVA（Analysis of Variance，方差分析）方法衡量了系统的透明度。假设存在 n 类不同的实验条件（这里特指不同的网络条件），在每一类实验条件下，实验重复 m 次，$y_{i,j}$ 为输出信号的轨迹向量，$i = 1, \cdots, m, j = 1, \cdots, n$：

$$y_{i,j} = [y_{i,j}(t_0) \quad y_{i,j}(t_1) \quad \cdots \quad y_{i,j}(t_f)]^T \tag{4.2}$$

其中 $(t_0, \cdots, t_f)$ 为离散时间序列。设 y_0 为基准，对 $y_{i,j}$ 向量中每一项求取标准偏差 $\sigma_{i,j}$

$$\sigma_{i,j} = \sqrt{\frac{1}{f}\sum_{k=0}^{f}(y_{i,j}(t_k) - y_0(t_k))^2} \tag{4.3}$$

标准差的均值为

$$\bar{\sigma}_j = \frac{1}{m}\sum_{i=1}^{m}\sigma_{i,j} \tag{4.4}$$

根据标准差的均值，利用变异数分析方法对其进行 p 值检测，根据 p 值结果对其进行鲁棒性和透明度讨论。

本书为了找出远程操作和本地操作之间的差异，在该分布式测试平台中的几种不同配置设置下选择了 4 个透明度参数，包括车速、燃料电池输出功率、蓄电池输出功率和电机转矩。在透明度理论和统计方法的帮助下，对这 4 个参数进行了透明度比较。使用参数和非参数检测，确定了在这些配置下由互联网引起的统计显著性和透明度限制。

4.1.2 结构配置

在测试验证系统中，结构配置上的任何差异都可能对透明度产生潜在影响，因此，设置几种不同的结构配置非常重要，包括不同的位置、硬件和软件，使用可变控制方法来测量不同配置的影响。根据位置、硬件和软件组成、时延状况，可列出结构配置矩阵，见表 4.1。

第 4 章
数据传输对汽车动力系统分布式测试平台性能的影响

表 4.1 结构配置矩阵

	同一地点 0 时延	同一地点 固定时延	同一地点 实时时延	不同地点 0 时延	不同地点 固定时延	不同地点 实时时延
模型	√	√	√			√
模型 + 硬件	√	√				√

根据结构配置矩阵，选取了 7 项可实现的结构配置，组成了 A1 ~ A4 和 B1 ~ B3 的结构配置，见表 4.2。

表 4.2 位置、硬件、软件的结构配置表

序号	位置	往返时延	操作环境
结构 A1	同一地点	0	仿真环境
结构 A2	同一地点	0.4s	仿真环境
结构 A3	同一地点	实时校园以太网延迟	仿真环境
结构 A4	中国和德国	实时互联网延迟	仿真环境
结构 B1	同一地点	0	带硬件的仿真环境
结构 B2	同一地点	0.4s	带硬件的仿真环境
结构 B3	中国和德国	实时互联网延迟	带硬件的仿真环境

（1）结构 A1

结构 A1 为 MATLAB/Simulink 纯仿真环境，运行燃料电池动力系统模型，包括驾驶员模型、燃料电池模型、动力蓄电池模型、电驱动系统模型和负载模型，所有模型运行在同一 PC 中，工况为 WLTC 工况。结构 A1 的意义在于，给出了纯仿真环境下燃料电池动力系统各部分的理想状态输出，包括车速、燃料电池输出功率、动力蓄电池输出功率、电机转矩。

（2）结构 A2

结构 A2 是 MATLAB/Simulink 仿真环境，根据第 2 章和第 3 章的组合架构划分中的组合 1 将整个动力系统模型进行了划分，包括两个模块：模块 Ⅰ 包含驱动器模型、燃料电池模型和蓄电池模型；模块 Ⅱ 包含电驱动系统和负载模型作为模块。在两个模块之间，增加了单向 0.2s 延迟（往返 0.4s）。结构 A2 的意义在于，在仿真环境中给出了固定延迟条件下燃料电池动力系统的理想状态输出。

（3）结构 A3

基于结构 A2，模块 Ⅰ 和模块 Ⅱ 运行在两台 PC 中，且两台计算机都在同济大学。结构 A3 的重要性在于在仿真环境中给出在以太网延迟条件下的燃料电池动力系统的输出。

（4）结构 A4

结构 A4 在结构 A3 的基础上，将 PC1 和 PC2 分别置于中国上海和德国卡尔斯鲁厄。结构 A4 的意义在于，给出了远距离互联网延迟条件下燃料电池动力系统各部分的输出。

（5）结构 B1

结构 B1 遵循结构 A2 中的设置，除了电驱动和负载模型由 Mini Electric Drive System in Hardware 测试台替换。所有组件位于同一个地点。两个模块之间的延迟设置为 0。

（6）结构 B2

结构 B2 具有与结构 A3 和结构 B1 类似的设置。电驱动和负载模型由 Mini Electric Drive System in Hardware 测试台取代，其他运行环境模型保持不变。设置单向 0.2s 延迟（往返 0.4s）。

（7）结构 B3

在结构 B3 中，Mini Electric Drive System in Hardware 测试台放置在 KIT 中，其他组件放在同济大学中。结构 B3 给出了在互联网条件下燃料电池动力系统的每个部分的输出。

4.1.3 不同结构下响应分析

各结构往返时延状态如图 4.1（见彩插）和表 4.3 所示。

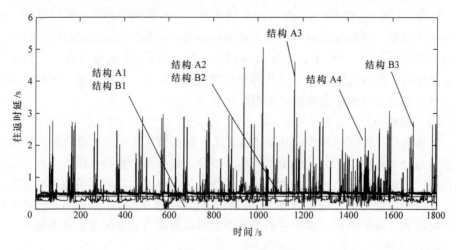

图 4.1 各结构往返时延

如表 4.3 和图 4.1 所示，每个结构的往返延迟是不同的。值得注意的是，硬件本身也会对往返时间产生影响。在每个结构的延迟不同的情况下，车速、燃料电池输出功率、蓄电池输出功率和电机的输出转矩如图 4.2～图 4.5（见彩插）

所示。在结构 A1~A4 下,所有组件都是模型的形式。在结构 B1~B3 下,增加了硬件,燃料电池功率、蓄电池功率和电机转矩图分为两部分。

表 4.3 各结构往返时延参数

结构类型	数据包数量	最小延迟/s	最大延迟/s	平均延迟/s	标准差
结构 A1	180001	0.0000	0.0000	0.0000	0.0000
结构 A2	180001	0.4000	0.4000	0.4000	0.0000
结构 A3	180001	0.0000	4.6000	0.3524	0.2630
结构 A4	180001	0.0000	4.4200	0.5205	0.2513
结构 B1	180001	0.0000	0.0000	0.0000	0.0000
结构 B2	180001	0.4000	0.4000	0.4000	0.0000
结构 B3	180001	0.0000	5.0400	0.5330	0.2571

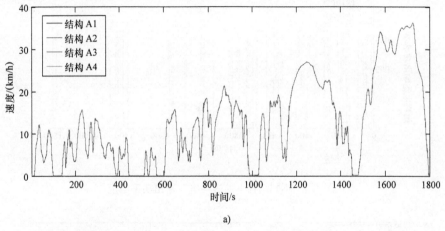

a)

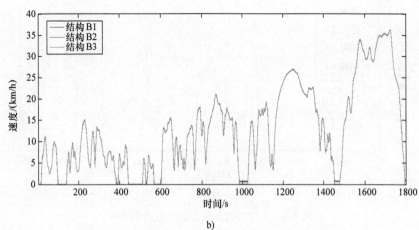

b)

图 4.2 燃料电池动力系统在不同结构下的车速响应

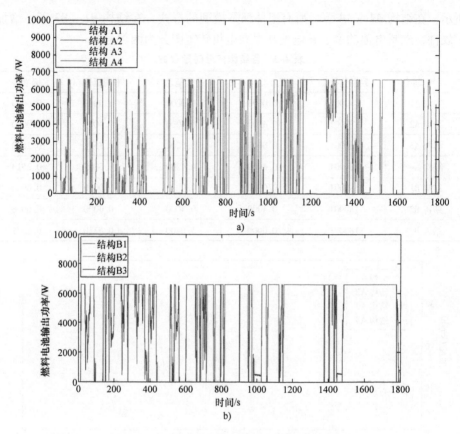

图 4.3 不同结构下的燃料电池输出功率响应

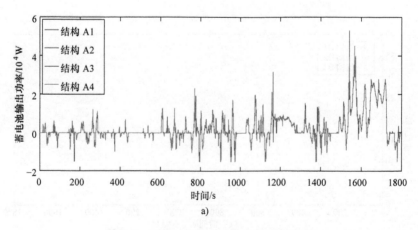

图 4.4 不同结构下动力蓄电池功率响应

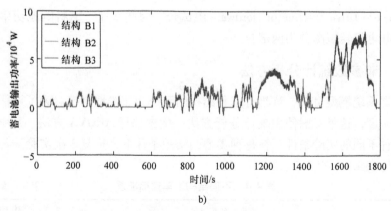

b)

图 4.4 不同结构下动力蓄电池功率响应（续）

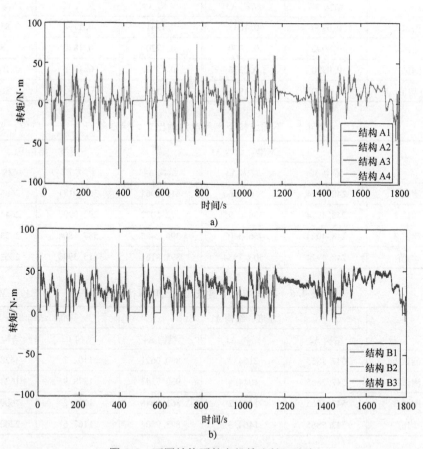

图 4.5 不同结构下的电机输出转矩响应

在配置 A1~A4 下，所有组件都是模型的形式。在配置 B1~B3 下，增加了

Mini Electric Drive Systeme in Hardware 测试台,因此车速、燃料电池功率,蓄电池功率和电机转矩图分为两部分。

4.1.4 非参数统计分析方法

根据系统模型可知,该具有多种结构的系统为非线性系统。为了评估不同结构的透明度,这里考虑使用统计分析方法,优先选择 ANOVA 方法。7 种结构可视为 7 种不同的实验条件。在每种类型的实验条件下,重复 3 次实验。各参数的标准差见表 4.4 ~表 4.7。

表 4.4　不同结构下车速标准差　　　　　　　　　单位: km/h

	基准: 结构 A1			基准: 结构 B1	
	结构 A2	结构 A3	结构 A4	结构 B2	结构 B3
测试 1	0.0990	0.1633	0.1541	0.1798	0.8356
测试 2	0.0990	0.1970	0.1720	0.1870	0.1668
测试 3	0.0990	0.2236	0.1502	0.1726	0.1655
均值	0.0990	0.1946	0.1588	0.1798	0.3893

表 4.5　不同结构下燃料电池输出功率标准差　　　　单位: W

	基准: 结构 A1			基准: 结构 B1	
	结构 A2	结构 A3	结构 A4	结构 B2	结构 B3
测试 1	248.4924	566.8660	419.0964	365.9171	2686.9
测试 2	248.4924	488.0595	372.1072	293.0996	2644.1
测试 3	248.4924	456.3407	396.2455	587.1804	2653.3
均值	248.4924	503.7554	395.8164	415.3990	2661.4

表 4.6　不同结构下蓄电池输出功率标准差　　　　　单位: W

	基准: 结构 A1			基准: 结构 B1	
	结构 A2	结构 A3	结构 A4	结构 B2	结构 B3
测试 1	547.2865	2164.2	830.0621	1102.7	3428.1
测试 2	547.2865	1044.4	930.7343	1278.9	1624.4
测试 3	547.2865	1184.2	861.0848	1121.8	1609.4
均值	547.2865	1464.3	873.9604	1167.6	2200.6

方差齐性检验是方差分析的重要前提,ANOVA 方法要求各处理条件下的样本分别来自正态分布总体,因此首先利用表 4.4 ~表 4.7 结果,对车速、燃料电池输出功率、动力蓄电池输出功率、电机输出转矩进行方差齐性检验,检验结果

第 4 章
数据传输对汽车动力系统分布式测试平台性能的影响

见表 4.8~表 4.11。

表 4.7 不同结构下电机转矩标准差 单位：N·m

	基准：结构 A1			基准：结构 B1	
	结构 A2	结构 A3	结构 A4	结构 B2	结构 B3
测试 1	3.5937	4.3321	5.8564	4.5379	3428.1
测试 2	3.5937	4.1277	5.8548	4.2710	1624.4
测试 3	3.5937	4.3115	5.9193	4.7106	1609.4
均值	3.5937	4.2571	5.8768	4.5065	2200.6

表 4.8 车速方差齐性检验结果

基准	Levene 统计	df1	df2	显著性
结构 A1	0.936	3	720 000	0.422
结构 B1	3.508	2	540 000	0.030

表 4.9 燃料电池输出功率方差齐性检验结果

基准	Levene 统计	df1	df2	显著性
结构 A1	6.973	3	720 000	0.000
结构 B1	750.686	2	540 000	0.000

表 4.10 动力蓄电池输出功率方差齐性检验结果

基准	Levene 统计	df1	df2	显著性
结构 A1	28.844	3	720 000	0.000
结构 B1	120.278	2	540 000	0.000

表 4.11 电机输出转矩方差齐性检验结果

基准	Levene 统计	df1	df2	显著性
结构 A1	546.631	3	720 000	0.000
结构 B1	542.999	2	540 000	0.000

如表 4.8~表 4.11 所示，车速、燃料电池输出功率、动力蓄电池输出功率、电机输出转矩方差均不为齐性。由于 ANOVA 方法要求各处理条件下的样本分别来自正态分布总体，因此无法直接使用 ANOVA 方法，须参照 ANOVA 方法使用非参数分析检验。非参数分析检验又称分布自由检验，主要解决总体分布未知情况的统计推断，而且可以完成测量水平较低数据的统计推断。常用的非参数分析方法包括 Mann–Whitney U 检验、Kolmogorov–Smirnov 检验、Kruskal–Wallis 检验等，这里采用 Kruskal–Wallis 检验。Kruskal–Wallis 检验是通过来自多个独立总体样本的观察值，来判断其在指标 p 上的分布是否相同的非参数检验方法。

令秩和为 T_i，分组序号为 i：

$$\mu_{T_i} = \frac{n_i(N+1)}{2} \tag{4.5}$$

$$\sigma^2_{T_i} = \frac{n_i(N-n_i)(N+1)}{12} \tag{4.6}$$

$$H = \sum_{i=1}^{k} \frac{(T_i - \mu_{T_i})^2}{\sigma^2_{T_i}} = \frac{12}{N(N+1)} \sum \frac{T_i^2}{n_i} - 3(N+1) \tag{4.7}$$

式中，μ_{T_i} 为组 i 中秩和 T_i 的期望；σ_{T_i} 为组 i 中秩和 T_i 的方差；H 为测试统计量。

H 遵循"在不同结构中分布是相同的"这一假设。在计算后，可以通过查表确定 p 值。根据该方法，将车速、燃料电池输出功率、蓄电池输出功率和电机转矩数据进行处理。

4.1.5 对车速的非参数检验

假设"车速分布在不同结构中是相同的"，如果 p 值大于 0.05，则假设成立。图 4.6a 和图 4.6b 中的盒形图分别显示了两类结构的车速，包括不同结构的

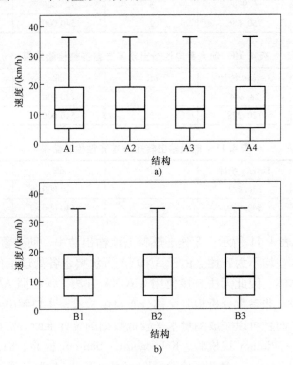

图 4.6 不同结构下车速对比盒形图

第4章
数据传输对汽车动力系统分布式测试平台性能的影响

中线、四分位线和触须线并计算 p 值。

在图 4.6 中，不同结构的中线、四分位线和触须线大致相同。结构 A1～A4 中，使用单因素方程分析方法，$p = 1.000 > 0.050$；在结构 B1～B3 中，$p = 0.008 < 0.050$。

进一步对不同结构下车速进行两两分析，表 4.12 显示了两种结构的比较。从图 4.6 和表 4.12 可以看出，结构 A1～A4 的两种结构之间的显著性差异大于 0.05，以及结构 B1～B3 之间的两个显著差异小于 0.05；因此，对于车速这一变量，结构 A1～A4 的透明度没有显著差异，但结构 B1～B3 的透明度显著不同。

表 4.12　不同结构下车速两两比较参数表

样本1-样本2	检验统计	标准检验统计	显著性	调整显著性
结构 A1-A3	529.265	0.611	0.541	1.000
结构 A3-A4	-667.577	-0.771	0.441	1.000
结构 A2-A3	743.746	0.859	0.390	1.000
结构 A1-A4	-138.311	-0.160	0.873	1.000
结构 A1-A2	-214.480	-0.248	0.804	1.000
结构 A2-A4	76.169	0.088	0.930	1.000
结构 B1-B2	1 450.539	2.794	0.005	0.016
结构 B1-B3	1 312.237	2.528	0.011	0.034
结构 B2-B3	-138.302	-0.266	0.790	1.000

4.1.6　对燃料电池输出功率的非参数检验

假设"燃料电池功率分布在不同结构中是相同的"，如果 p 值大于 0.05，则该假设成立。图 4.7a 和图 4.7b 中的盒形图显示了两类结构的燃料电池输出功率，以分析不同结构的中位线、四分位线和触须线并计算 p 值。

由图 4.7 的盒形图结果可知，在结构 A1～A4 和结构 B1～B3 中，$p = 0.000 < 0.050$，拒绝了"燃料电池功率分布在结构类别中相同"的假设。

进一步对不同结构下燃料电池输出功率进行两两分析，由图 4.7 及表 4.13 可知，只有结构 A1 和结构 A3 之间以及结构 A2 和结构 A4 之间的显著性大于 0.05，其他配对小于 0.05。

4.1.7　对动力蓄电池的非参数检验

假设"蓄电池输出功率分布在不同结构中相同"，如果 p 值大于 0.05，则该假设成立。图 4.8a 和图 4.8b 中的盒形图显示了两类蓄电池输出功率，以分析不同结构的中线、四分位数和触角线，并计算 p 值。

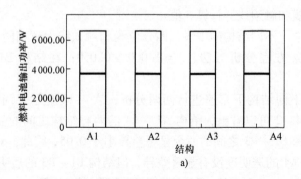

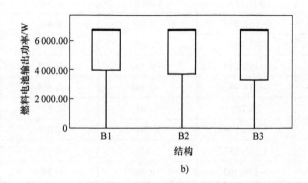

图 4.7　不同结构下燃料电池输出功率对比盒形图

表 4.13　不同结构下燃料电池输出功率两两比较参数表

样本 1 – 样本 2	检验统计	标准检验统计	显著性	调整显著性
结构 A1 – A3	-1 478.020	-2.206	0.027	0.164
结构 A1 – A2	-3 761.324	-5.615	0.000	0.000
结构 A1 – A4	-3 976.797	-5.936	0.000	0.000
结构 A2 – A3	2 283.304	3.408	0.001	0.004
结构 A3 – A4	-2 498.778	-3.730	0.000	0.001
结构 A2 – A4	-215.473	-0.322	0.748	1.000
结构 B1 – B2	5 665.610	12.855	0.000	0.000
结构 B1 – B3	8 675.123	19.683	0.000	0.000
结构 B2 – B3	3 009.513	6.828	0.000	0.000

由图 4.8 的盒形图结果可知，对于结构 A1 ~ A4 和 B1 ~ B3，$p = 0.000 < 0.050$，因此拒绝"蓄电池功率分布在结构类别中相同"的假设。

第 4 章
数据传输对汽车动力系统分布式测试平台性能的影响

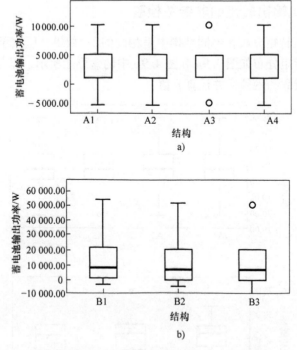

图 4.8　不同结构下动力蓄电池输出功率对比盒形图

进一步对不同结构下动力蓄电池输出功率进行两两分析，图 4.8 和表 4.14 中，只有结构 A2 和 A3 之间的显著性大于 0.05，而其他配对结构的显著性小于 0.05。

表 4.14　不同结构下动力蓄电池电池输出功率两两比较参数表

样本 1 - 样本 2	检验统计	标准检验统计	显著性	调整显著性
结构 A1 - A3	-2 555.392	-3.804	0.000	0.001
结构 A1 - A2	-3 137.662	-4.671	0.000	0.000
结构 A1 - A4	-6 808.588	-10.136	0.000	0.000
结构 A2 - A3	582.270	0.867	0.386	1.000
结构 A3 - A4	-4 253.197	-6.332	0.000	0.000
结构 A2 - A4	-3 670.927	-5.465	0.000	0.000
结构 B1 - B2	5 470.632	10.681	0.000	0.000
结构 B1 - B3	8 268.968	16.145	0.000	0.000
结构 B2 - B3	2 798.335	5.464	0.000	0.000

4.1.8 对电机输出转矩的非参数检验

假设"电机转矩分布在不同结构中是相同的",如果 p 值大于 0.05,则该假设成立。电机转矩分布如图 4.9a 和图 4.9b 中的盒形图所示,以分析不同结构的中位数、四分位数和触须线并计算 p 值。

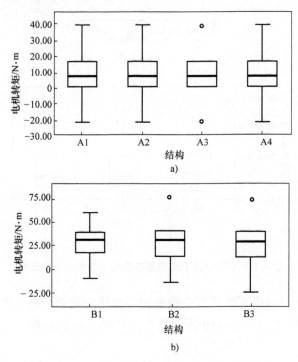

图 4.9 不同结构下电机输出转矩对比盒形图

由图 4.9 的盒形图结果可知,在结构 A1 – A4 和 B1 – B3 中,$p = 0.000 < 0.050$,这拒绝了"电动机转矩分布在结构类别中相同"的假设。

进一步对不同结构下电机输出转矩进行两两分析,由图 4.9 及表 4.15 可知,仅结构 A2、A3 和 A4 的成对组合之间的显著性大于 0.05,其他配对结构具有小于 0.05 的显著性。

4.1.9 非参数检验结果分析

由以上分析可知,纯仿真平台相较于软硬件结合平台,其透明度较高,受网络状态影响较小。速度输出相较于功率、能量、转矩输出,透明度相对较高,受网络影响较小,如图 4.10 所示。

第 4 章
数据传输对汽车动力系统分布式测试平台性能的影响

表 4.15 不同结构下电机输出转矩两两比较参数表

样本 1 – 样本 2	检验统计	标准检验统计	显著性	调整显著性
结构 A1 – A3	– 3 822.682	– 4.414	0.000	0.000
结构 A1 – A2	– 4 214.088	– 4.866	0.000	0.000
结构 A1 – A4	– 5 229.778	– 6.039	0.000	0.000
结构 A2 – A3	391.406	0.452	0.651	1.000
结构 A3 – A4	– 1 407.096	– 1.625	0.104	1.000
结构 A2 – A4	– 1 015.690	– 1.173	0.241	1.000
结构 B1 – B2	15 285.072	29.436	0.000	0.000
结构 B1 – B3	2 4847.990	47.852	0.000	0.000
结构 B2 – B3	9 562.919	18.416	0.000	0.000

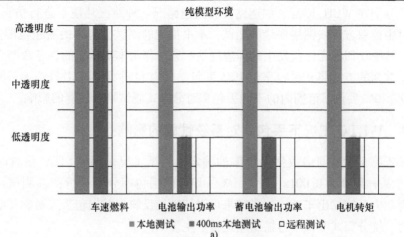

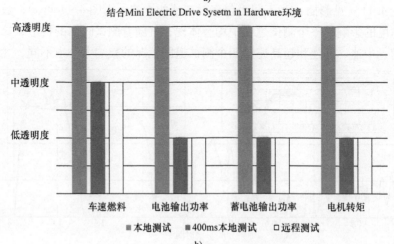

图 4.10 不同结构下透明度类型总结

值得注意的是，速度、功率和转矩的透明度之间的差异由模型构建的步骤决定。该动力系统模型包含一个驾驶员模型，可以保持所需的速度和实际速度一致。在本书中，透明度通过非参数检测进行分析。此外，在几种结构下给出了车速、燃料电池输出功率、蓄电池输出功率和电机转矩的统计显著性。

4.2 数据丢包对系统性能的影响

除透明度外，数据包丢失同样也是影响系统性能的重要因素。为了更全面地分析数据包丢失对基于互联网的燃料电池汽车动力系统分布式测试平台稳定性的影响，分别在 WLTC 路况、加速路况和高速路况三种路况环境下进行仿真分析。基于对中德双方无线网络质量的测试，本书拟定的测试丢包率的丢包范围为 0 ~ 10%，其中 0 即为无丢包发生的理想网络状态，作为本次试验的参考数据组，按照等差数列的方式将 0 丢包率至 10% 丢包率分为 11 个级别，对每一种路况分别测试 0 ~ 10% 丢包率范围内的不同丢包率对分布式测试平台性能的影响。

4.2.1 WLTC 工况下丢包率对系统性能的影响

基于第 3 章对网络数据丢包率的确定，测试工况采用 WLTC，仿真时长为 1800s，采样周期为 0.001s，针对 1% ~ 10% 的丢包率分别进行仿真测试，考核指标为动力系统输出车速，仿真结果可以清晰地反映出数据包丢失对燃料电池汽车动力系统分布式测试平台输出车速将产生影响。

图 4.11（见彩插）为不同丢包率对车速的影响，由图 4.11 可知，数据包丢失对速度的影响在整个测试过程中均有体现，且随着测试时间的推进，这种影响在低速、中速、高速和超高速这四个测试道路工况的影响大小也不同，尤其是在

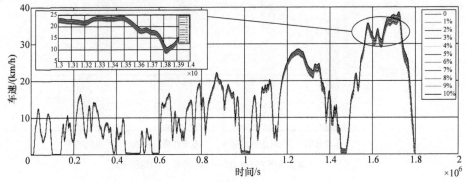

图 4.11 不同丢包率下车速随时间的变化趋势

超高速段，影响较为明显，值得关注的是，数据包丢失对车速的影响在车速由变加速到变减速和由变减速到变加速的过程中影响较大，在单一变加速和变减速路段影响相对较弱，本书通过对汽车行驶特性的分析可知，汽车在行驶过程中是受到行驶动力和惯性的影响的，当汽车在单一加速过程中，当发生数据包丢失时，虽然丢包时刻的动力消失，单因汽车惯性力的影响，并不会使车速变化太大，但当加速度的方向发生变化的过程中，数据包丢失时的汽车惯性将会使车速朝着驾驶员相悖意愿的方向加速，导致数据包丢失对汽车速度的影响较大。

为了进一步说明数据包丢失对 WLTC 各个测试路段的影响大小，本书将数据进行处理，将 0 丢包率作为参考基础，分别对 1%～10% 的丢包率的情况下的车速与 0 丢包率情况下的车速作差值后得到图 4.12（见彩插），图 4.12 表明，数据包丢失对车速的影响大小均随着车速的增加而增大。由于标准可知，试验车速的误差允许范围在 $-2\sim2\mathrm{km/h}$ 之间，因此我们可以看出，在低速段数据包虽然对燃料电池汽车输出车速有影响，但并未超出允许范围，在中速段，只有数据包丢失率大于 8% 时才会对车速产生实质的影响，而在高速和超高速段，数据包丢失对车速的影响较大，但在高速和超高速段只有数据包丢失率大于 5% 时车速的误差才会超出允许范围。因此对试验平台的优化重心也将放到仿真时间的后期。分析表明，数据包丢失对车速的影响主要集中在高速和超高速范围内，在数据包丢失率超过 5% 时将会对分布式测试平台的输出速度产生超出误差允许范围的影响，且变速和高速时刻均会出现输出车速波动的现象。为了分析变速和高速对车速的影响大小，将对分布式测试平台在变速和高速路况进行仿真分析。

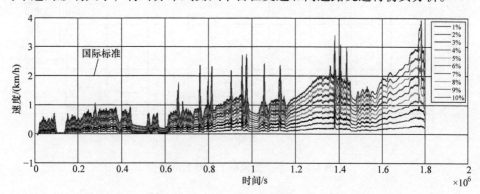

图 4.12　不同丢包率下车速与无丢包情况下车速的差值趋势

另外考虑到经济性的影响，本书还分析了在不同丢包率情况下的氢耗量，如图 4.13 和图 4.14 所示。

由图 4.13 和图 4.14（见彩插）可知，数据包丢失对系统氢耗量的影响较大，其中图 4.13 表示了氢耗量随丢包率的变化趋势，燃料电池汽车动力系统的氢耗量随着数据包传输丢包率的不断增加而逐渐下降。在图4.13中，数据丢包率对整个测试过程中氢耗量的消耗总量的影响可以看出，氢耗量的影响在从无数据包丢失到数据包的丢失率为1%的过程中的变化较大，在数据丢包率为2%及以后的数据丢包过程中逐渐趋于稳定。由图4.14可知，氢耗量随着测试时间的增加逐渐增加，但是除了无数据丢包和丢包率在2%以上外，其余的燃料电池汽车分布式测试平台在数据丢包率的影响下，尤其在数据包丢失率在5%以后，几乎无变化，因此可知，数据丢包率在0~5%范围内对燃料电池汽车动力系统分布式测试平台的氢耗量影响较大。

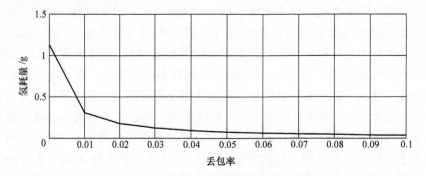

图4.13 不同丢包率下的氢耗量变化趋势

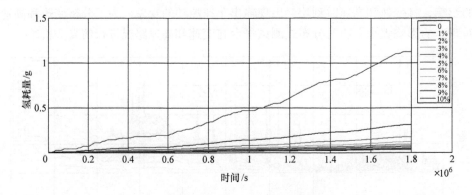

图4.14 不同丢包率下氢耗量的趋势

4.2.2 加速工况仿真分析

由WLTC工况下不同丢包率对系统性能的影响分析可知，不同丢包率对车速的影响随着仿真时间的推移，在速度变化和高速区域两个混合因素影响下越来越大，本书建立了如图4.15所示的匀加速工况，并对加速工况进行了不同丢包率的仿真试验，结果如图4.16和图4.17所示。

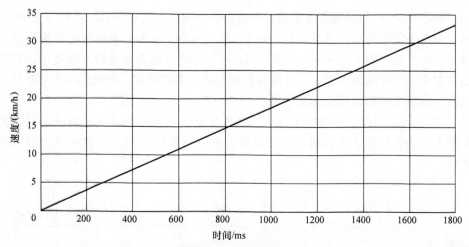

图 4.15 匀加速工况

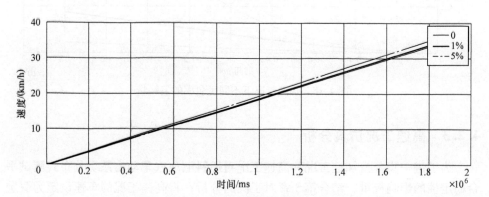

图 4.16 加速工况下不同丢包率对车速的影响

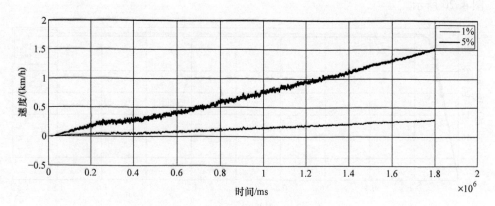

图 4.17 不同丢包率与 0 丢包率速度差值

在图4.15的匀加速路况下进行仿真分析,输出车速的仿真结果如图4.16所示,以0丢包率为对比参考对象,对1%丢包率和5%丢包率的输出车速与参考量进行取差值得到了图4.17。由图4.17可知,随着输入车速的不断增加,数据丢包对车速的影响越来越大,且随着数据包丢失率的增加,数据包丢失对燃料电池汽车输出车速的影响也逐渐增加。

由图4.18可知,在加速工况下,随着数据包丢失率的增大,测试平台氢耗量越来越小。仿真结果表明,系统的输出车速与氢耗量均受到数据丢包问题的影响。

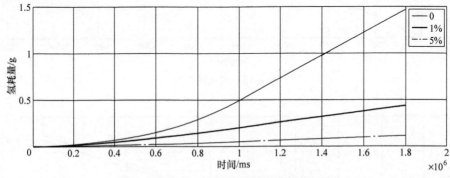

图4.18 加速工况下不同丢包率的氢耗量

4.2.3 高速工况仿真分析

为了进一步分析加速工况和高速工况对燃料电池汽车动力系统分布式测试平台稳定性的影响权重,结合第3章对工况的分析,将高速工况的车速设定为恒定的33km/h。然后对动力系统分布式测试平台进行仿真分析,其结果如图4.19和图4.20所示。

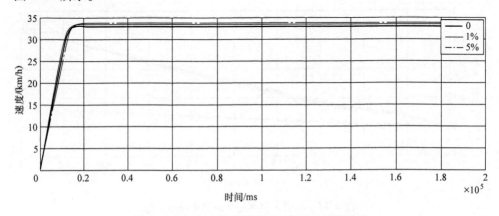

图4.19 高速工况下不同丢包率对车速的影响

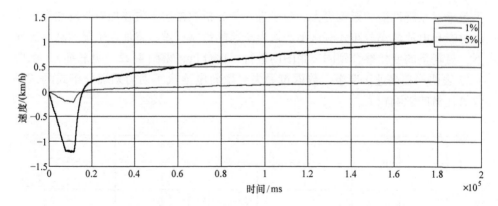

图 4.20　高速工况下不同丢包率与 0 丢包率对车速影响的差值

由图 4.19 可知，在高速工况下，输出车速分两个阶段，即加速阶段和恒速阶段。从图 4.19 中可以得出，数据包丢失在输出车速的加速阶段对车速产生负影响，随着车速逐渐到达最大车速，数据丢包将增大理想输出车速的最大值。将无数据包丢失的理想状态下的输出车速作为参考车速，将具有数据包丢失的输出车速与参考车速取差值得图 4.20，由图 4.20 可知，数据包丢失对车速的影响随着数据包丢失率的增大而更加明显。

图 4.21 是在高速工况下进行的燃料电池汽车动力系统分布式测试平台在不同丢包率的情况下进行氢耗量的仿真结果，仿真结果表明，系统的输出车速与氢耗量与加速工况数据丢包对系统状态的影响相同，均受到数据丢包问题的影响。

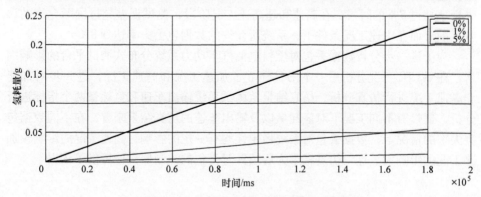

图 4.21　高速工况下不同丢包率的氢耗量

对比图 4.16、图 4.17 和图 4.19、图 4.20，不同丢包率的影响下，车速在加速工况和高速工况两种工况下随着仿真时间的推移其影响均变得越来越大，但是在加速工况下，当仿真时间为 180s 时，车速差值为 0.2km/h，而在高速工况下，同样在 180s 的仿真时间下，车速的差值为 1km/h。这就表明，在高速工况下，丢包率对系统性能的影响更大。为了进一步分析数据包丢失在加速阶段和高速阶段对燃料电池汽车分布式测试平台输出车速的影响权重，将加速工况和高速工况下，氢耗量的变化整合到同一张图内进行对比分析，得图4.22（见彩插），由图4.22表明，在高速工况下，数据包丢失对燃料电池汽车动力系统分布式测试平台氢耗量的影响较大。

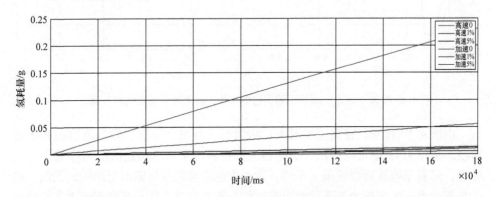

图4.22　不同工况下不同丢包率的氢耗量对比

通过对WLTC工况、加速工况和高速工况分别进行仿真，结果表明，数据包丢失对燃料电池汽车动力系统分布式测试平台的输出车速和氢耗量均有较为明显的影响，进一步说明了燃料电池汽车动力系统分布式测试平台的稳定性将受到数据包丢失的影响。在WLTC工况下，存在数据丢包的情况下，当数据包的丢失概率超过5%的时候，在高速和超高速工况阶段，测试误差超过国际允许的误差范围。而在中速工况条件下，系统所允许的数据包丢失率达到8%。

为了进一步分析数据丢包对燃料电池汽车动力系统分布式测试平台的影响因素，在WLTC工况分析后，本书又建立了加速工况和高速工况，进一步对加速和高速工况进行仿真分析，仿真结果从测试系统输出车速和氢耗量两个指标进行分析，通过对不同工况下对氢耗量以及输出车速的仿真结果来看，在不同数据包丢失率的情况下，数据丢包对系统稳定性均有一定的影响，高速工况的影响较加速工况的影响大。这一仿真结果为后续针对丢包的控制器设计提供了依据。

4.3　本章小结

本章讨论了基于互联网的分布式系统对系统透明度的影响，以及数据丢包对系统性能的影响。首先设置了几种不同的软硬件配置，以仿真测试结果为基础，利用非参数统计方法分析了几种不同软硬件配置下的系统透明度，纯仿真平台相较于软硬件结合平台，其透明度较高，受网络状态影响较小。速度输出相较于功率/能量输出，透明度相对较高，受网络影响较小。然后通过对不同工况下氢耗量以及输出车速进行考虑数据丢包的仿真，在不同数据包丢失率的情况下，数据丢包对系统性能均有一定的影响，高速工况的影响较加速工况的影响更大。本章的仿真和测试结果，为后文优化方法的设计提供了依据。

第 5 章 分布式测试平台数据传输优化方法研究

根据第 1 章可知,分布式测试平台性能恶化的主要原因有传输延迟、抖动、丢包以及耦合误差。因此优化途径有以下几类:针对传输延迟的优化,包括传输的预测补偿算法研究;针对抖动及丢包的优化,包括丢包的数据保持或补偿算法研究;针对耦合误差的优化,主要是针对耦合点选择的优化。本章将对 3 种分布式测试平台数据传输优化方法进行讨论:针对时延问题,使用神经网络进行时间序列预测,对平台进行全局优化;针对时延问题,利用观测器对分布式测试平台的数据传输进行优化,使得系统性能得到提高;为了减少数据包丢失对分布式测试平台性能的影响,设计具有鲁棒预测的补偿控制器来优化系统的性能。

5.1 利用神经网络的数据传输优化方法研究

5.1.1 时间序列预测

时间序列是指不同时期的现象的统计指标,其值按时间顺序排列。根据时间序列的方向和趋势,将其反映在开发过程中,使用类比或延伸的数学方法,以预测未来某些时间点或期间的变化,即为时间序列预测。在时间序列预测的各种方法中,神经网络具有非线性映射能力。因此,在时间延迟预测和补偿的仿真系统中,BP 神经网络和 RBF 神经网络常用于预测时间序列,并用预测值补偿时间延迟。

设 $x(i)$ 为时间序列,$i=1, 2, \cdots, n$ 为时间点,$x(i)$ 为 i 的统计值,k 为预测阶数,时间序列预测的本质为 $x(i-k)$,$x(i-k+1)$,$\cdots$,$x(i-2)$,$x(i-1)$ 用来预测 $x(i)$,因此神经网络的输入为 $x(i-k)$,$x(i-k+1)$,$\cdots$,$x(i-2)$,$x(i-1)$,输出为 $x(i)$。

在延时预测和补偿仿真系统中,需要预测的时间序列是发送端与接收端的速度误差。设 $k=3$,神经网络的输入为 $\Delta v(i-3)$,$\Delta v(i-2)$,$\Delta v(i-1)$,输出为 $\Delta v(i)$。

- BP 神经网络的建立与训练

在 MATLAB/Simulink 中建立非线性时间序列预测的 BP 神经网络模块，包含输入层、隐藏层和输出层。输入层包含三个节点，即 $\Delta v(i-3)$，$\Delta v(i-2)$ 和 $\Delta v(i-1)$。输出层包含一个节点，即 $\Delta v(i)$ 的预测。

在神经网络预测中，需要合理选择隐藏层中的神经元数量。当神经元数量太少时，无法保证网络的准确性。当神经元数量太多时，将增加网络连接权重的数量，网络的泛化性能也会降低[135]。Kolomogorov 定理用于确定隐层中神经元的数量。对于单隐藏层 BP 神经网络，神经元数量计算如下所示：

$$M = 2n + 1 \tag{5.1}$$

式中，M 为隐层中神经元的数量；n 为输入层中的节点数。因此神经元的数量是 7。训练过程使用 Levenberg – Marquardt 算法。对于 BP 神经网络，定义学习率为梯度项乘以系数，学习率小，易于保证收敛，但收敛速度慢；学习率大时，学习速度会大大增加，但可能会导致冲击或分歧，导致训练失败。学习率的计算公式如下所示：[136]

$$\eta = \frac{2}{M+1} \tag{5.2}$$

式中，η 为学习率；M 为隐藏层中神经元数量。这里 $\eta = 0.25$。

- RBF 神经网络的建立与训练

在 MATLAB/Simulink 中建立非线性时间序列预测的 RBF 神经网络模块，该 RBF 神经网络模块为近似 RBF 神经网络，包含输入层、隐藏层和输出层。输入层包含三个节点，即 $\Delta v(i-3)$，$\Delta v(i-2)$ 和 $\Delta v(i-1)$。输出层包含一个节点，即 $\Delta v(i)$ 的预测。

RBF 神经网络训练过程不涉及学习率，但需要考虑膨胀系数的影响。膨胀系数是径向基函数的分布密度，以确保神经元可以影响输入向量覆盖的间隔；然而膨胀系数太大将导致计算困难。因此在本书中，RBF 神经网络的膨胀系数为 1。

首先利用实验数据，将其作为神经网络的训练数据，如图 5.1 所示。选取的测试数据为具有 Mini Electric Drive System in Hardware 测试平台的实验数据，其透明度为中低透明度。

车速误差数据样本的前 75% 数据被视为训练数据；25% 的数据被视为验证数据。均方误差（MSE）限制设置为 1×10^{-5}。BP 神经网络和 RBF 神经网络训练收敛速度如图 5.2 所示。

BP 神经网络和 RBF 神经网络模块使用相同的训练样本（13 500 个采样点），具有相同的误差限制。BP 神经网络经过 143 次迭代能够实现所需的精度，而 RBF 神经网络经过 62 次迭代能达到所需精度，其收敛速度快于前者。然而，更

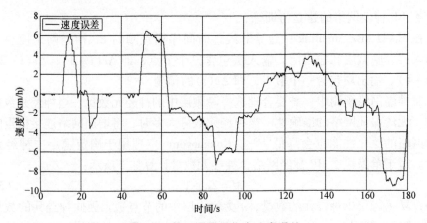

图 5.1 用于训练的仿真速度误差

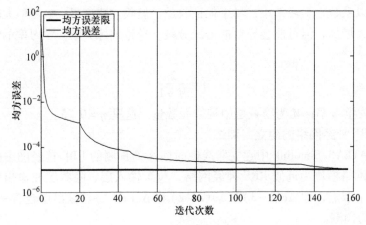

a) BP神经网络

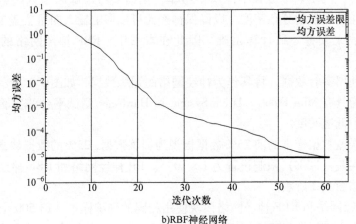

b) RBF神经网络

图 5.2 BP、RBF 神经网络的训练收敛速度

好的收敛速度意味着网络复杂性的增加。BP 神经网络的隐藏层仅包含 7 个神经元，而 RBF 神经网络的隐藏层包含 62 个神经元，远远超过前者。这使得 RBF 神经网络的复杂性大大增加。在训练时间方面，BP 神经网络的训练时间为 29s，RBF 神经网络训练时间长达 1804s。

5.1.2 预测效果

利用后 25% 的数据，即 4498 个采样点来验证神经网络的预测效果。BP 神经网络和 RBF 神经网络的预测输出曲线，预测误差曲线和预测误差百分比曲线如图 5.3 和图 5.4 所示。

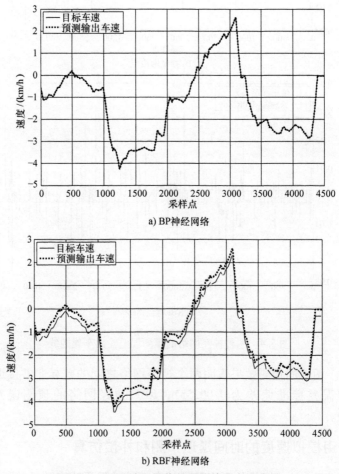

图 5.3 两种神经网络的预测输出车速曲线

从图 5.3 可以看出，BP 神经网络和 RBF 神经网络的效果非常接近，这两个神经网络可以实现采样点的预测和补偿。图 5.4 显示了预测输出与期望速度之间

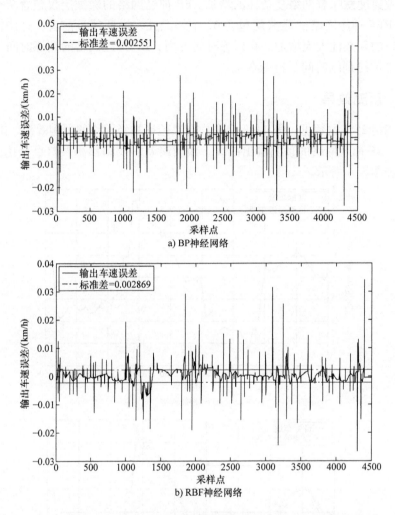

图 5.4 两种神经网络的预测误差输出车速曲线

误差的细节。两者的预测效果表明两个神经网络之间的差异非常接近。BP 神经网络的预测误差标准偏差为 0.002551，RBF 神经网络的预测误差标准偏差为 0.002869。

5.1.3 使用模拟速度的时间延迟预测和补偿仿真

为了验证两个神经网络的延迟补偿的有效性，需要改变随机数生成模块中的种子参数，以确保生成的数据和训练数据不相同。以这种方式产生一组模拟速度。下一步是运行基于 BP 神经网络和 RBF 神经网络的时间延迟预测和补偿仿真系统。速度误差曲线和神经网络预测误差曲线如图 5.5 和图 5.6（见彩插）所示。

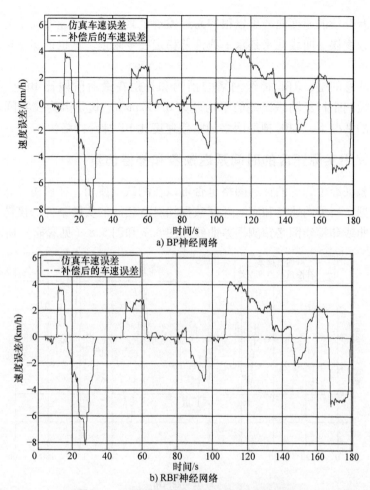

图 5.5 两种神经网络的速度仿真误差曲线

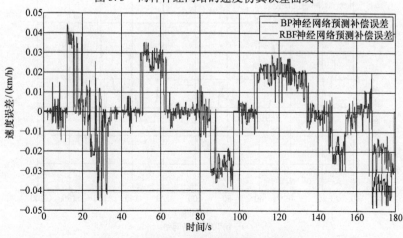

图 5.6 两种神经网络预测补偿误差对比

从具有补偿的速度曲线可以很容易地发现，具有补偿的速度几乎与期望的速度一致；速度误差曲线几乎是水平线性并稳定在零附近。这也证实了神经网络的优越性。

值得注意的是，RBF 神经网络的预测和补偿在最后阶段比 BP 神经网络更好。该阶段两个神经网络误差的平均差为 0.02km/h。这是因为在实际速度误差变化较慢的情况下，RBF 神经网络的收敛速度比 BP 神经网络快。

5.1.4 使用实际速度的时间延迟预测和补偿仿真

为了验证经过训练的神经网络是否可以在测试中使用，在该仿真系统中运行另一组数据。所需的速度和实际速度数据均具有相同的实验条件。该仿真过程的速度误差曲线和神经网络预测误差曲线如图 5.7 和图 5.8（见彩插）所示。

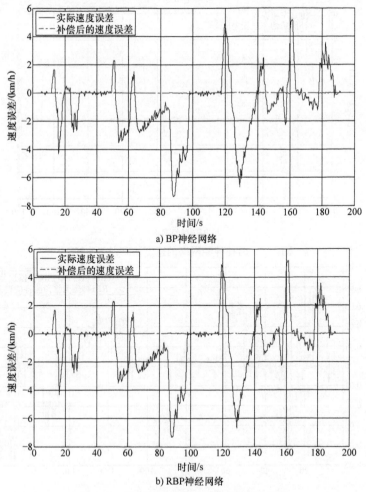

图 5.7 两种神经网络补偿速度误差曲线

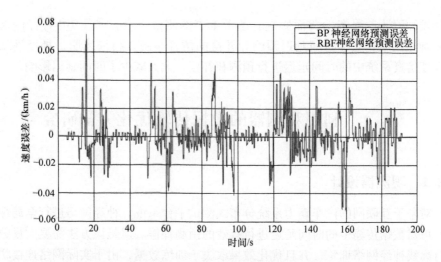

图 5.8 两种神经网络预测误差比较

从具有补偿的速度曲线看出,补偿的速度几乎与期望的速度一致;速度误差曲线几乎是水平线性并稳定在零附近。

从图 5.8 可以看出,当所需速度曲线保持水平时(例如当速度等于 0km/h,即加速度为零时),BP 神经网络和 RBF 神经网络的误差预测和补偿在零附近小规模波动。然而,当加速度不等于零时,神经网络预测误差曲线发生更大的波动。同时在这个阶段,RBF 神经网络预测和补偿的误差比 BP 神经网络更强烈地波动。这是因为当实际速度误差的变化速度比之前的训练过程更快时,网络复杂度成为预测和补偿过程的主要影响因素。

因此,在时间延迟预测和补偿的仿真系统中,利用仿真速度和实际速度,BP 神经网络和 RBF 神经网络的性能得到了验证。在训练过程中,BP 神经网络具有较慢的迭代速度、较小的网络体积和较快的训练速度,而 RBF 神经网络恰恰相反。两类神经网络可以对该仿真系统中的时间延迟进行预测和补偿,显著减少延时量。

根据前文对透明度的定义,可用透明度这一指标判断神经网络的补偿效果,其结果见表 5.1。由此可知,两种神经网络对系统透明度有优化效果。

表 5.1 神经网络补偿前后比较参数表

样本 1 - 样本 2	平均差异	标准差	显著性
0ms - 无神经网络补偿、大时延	-0.67325	0.17741	0.001
0ms - BP 神经网络补偿	0.00013	0.17741	1.000
0ms - RBF 神经网络补偿	-0.00020	0.17741	1.000

在测试设备和测试对象处于不同位置的情况下,时延问题客观存在,这可能

对开发和验证过程产生负面影响。基于本书的测试平台，采用 BP 神经网络和 RBF 神经网络建立了时间延迟预测和补偿的仿真系统。结果表明，神经网络可以对该仿真系统中的时间延迟进行预测和补偿，大大减少了时间延迟影响。

5.2 利用观测器的数据传输优化方法研究

5.2.1 观测器设计

对基于互联网的汽车动力系统分布式测试平台来说，神经网络进行全局性优化，可对数据传输中的时间延迟进行有效的预测补偿。但是该方法需要大量数据进行离线神经网络训练，并且优化效果取决于训练数据，由于实际网络连接状态与训练数据存在偏差，因此基于神经网络的预测补偿存在局限性。为了更好地对基于互联网的汽车动力系统分布式测试平台进行优化，须引入其他实时优化方法。由于该分布式测试平台两侧存在非线性部分，难以直接量测，需构造系统来实现对原系统的状态估计。用以估计原系统状态的系统称为状态估计器或状态观测器。带有互联网延迟和状态观测器的分布式系统结构如图 5.9 所示。

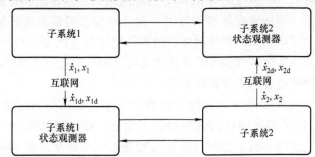

图 5.9 带有观测器的系统结构

设 x_d 为远程子系统状态变量，x 为子系统状态变量，其误差值为

$$\widetilde{x}(t) = x(t) - x_d(t) \tag{5.3}$$

即

$$\begin{cases} \widetilde{x}_1(t) = x_{1d}(t) - x_1(t) \\ \widetilde{x}_2(t) = x_{2d}(t) - x_2(t) \end{cases} \tag{5.4}$$

这里采用滑模观测器，首先定义滑模面方程

$$s = \left(\frac{\mathrm{d}}{\mathrm{d}t} + \lambda\right)\widetilde{x} = 0 \tag{5.5}$$

若将系统保持在滑模面上，则须满足

$$\tilde{x}(t) = \tilde{x}_d(t) - \lambda(x(t) - x_d(t)) \tag{5.6}$$

将式（5.3）改写为以下形式：

$$\begin{aligned}\dot{\tilde{x}}(t) &= \dot{x}(t) - \dot{x}_d(t) \\ &= \dot{x}_d(t-t_d) - \lambda(x(t-t_d) - x_d(t-t_d)) - \dot{x}_d(t) \\ &= \dot{x}_d(t-t_d) - \lambda \tilde{x}(t-t_d) - \dot{x}_d(t) \\ &= -\lambda \tilde{x}(t-t_d) + w \end{aligned} \tag{5.7}$$

这里

$$w = \dot{x}_d(t-t_d) - \dot{x}_d(t) \tag{5.8}$$

式（5.8）的稳定性由式（5.9）决定

$$s + \lambda e^{-st_d} = 0$$

$$s = \frac{W(-\lambda t_d)}{t_d} \tag{5.9}$$

$$\lambda < \frac{\pi}{2t_d} \tag{5.10}$$

式中，W 为朗伯 W 函数。λ 须满足式（5.10）条件使系统满足稳定性条件。

对于子系统 1 来说，状态观测器方程如式（5.11）所示：

$$\begin{aligned}\dot{x}_1(t) &= \dot{x}_{1d}(t-t_{d2}) - \lambda(x_1(t-t_{d2}) - x_{1d}(t-t_{d2})) \\ \dot{x}_2(t) &= \dot{x}_{2d}(t-t_{d2}) - \lambda(x_2(t-t_{d2}) - x_{2d}(t-t_{d2}))\end{aligned} \tag{5.11}$$

式中，x_1 为实际输出功率 p_{ist}；x_2 为需求转矩 T_{soll}。

对于子系统 2 来说，状态观测器方程如式（5.12）所示：

$$\begin{aligned}\dot{x}_3(t) &= \dot{x}_{3d}(t-t_{d1}) - \lambda(x_3(t-t_{d1}) - x_{3d}(t-t_{d1})) \\ \dot{x}_4(t) &= \dot{x}_{4d}(t-t_{d1}) - \lambda(x_4(t-t_{d1}) - x_{4d}(t-t_{d1}))\end{aligned} \tag{5.12}$$

式中，x_3 为实际车速 v_{act}；x_4 为需求功率 p_{req}。

根据文献［137］，将观测值与标准值差值的范数值表征性能。设

$$p = \| v - v_i \|_2 \tag{5.13}$$

$$p_n = \frac{\| v - v_i \|_2}{\| v_d - v_i \|_2} \tag{5.14}$$

式中，p 为性能指标；p_n 为归一化处理后的 p；v 为观测值；v_i 为无观测器无延迟标准值；v_d 为无观测器有延迟的标准值。当 $p = p_n = 0$ 时为理想状态，此时完全不受延迟的影响。当 $p_n > 1$ 时，观测器对性能指标的优化有反作用；当 $p_n < 1$ 时，观测器对性能指标的优化有正向作用。

为了验证观测器对系统性能的影响效果，分别对单向时延为 250ms、400ms、500ms 系统进行仿真。设 $\lambda = 0.5$，$\lambda = 1$，$\lambda = 1.5$，当单向时延为 250ms（往返时延为 500ms）时，速度、燃料电池输出功率、蓄电池输出功率、电机转矩的仿

真结果如图 5.10~图 5.13（见彩插）所示。

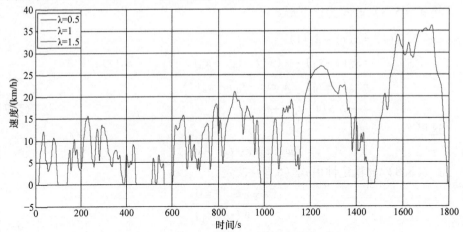

图 5.10 250ms 单向时延时速度仿真结果

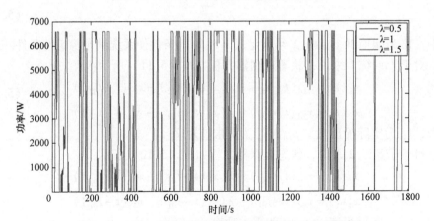

图 5.11 250ms 单向时延时燃料电池输出功率仿真结果

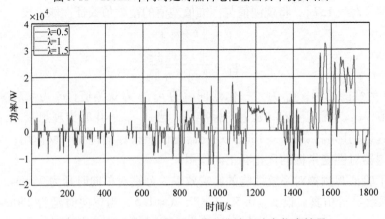

图 5.12 250ms 单向时延时蓄电池输出功率仿真结果

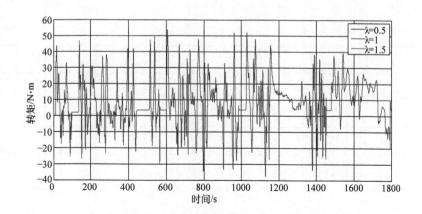

图 5.13　250ms 单向时延时电机转矩仿真结果

由图 5.10～图 5.13 可知,当单向时延为 250ms(往返时延为 500ms)时,无论 λ 的取值如何,其优化效果在几项指标上几无差异。

当单向时延为 400ms(往返时延为 800ms)时,其速度、燃料电池输出功率、蓄电池输出功率、电机转矩的仿真结果如图 5.14～图 5.17(见彩插)所示。

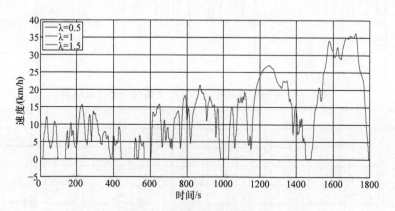

图 5.14　400ms 单向时延时速度仿真结果

由图 5.14～图 5.17 可知,当单向时延为 400ms(往返时延为 800ms)时,λ 取值不同的情况下,优化效果有明显差异。

当单向时延为 500ms(往返时延为 1000ms)时,其速度、燃料电池输出功率、蓄电池输出功率、电机转矩仿真结果如图 5.18～图 5.21(见彩插)所示。

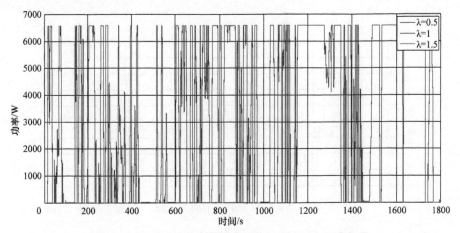

图 5.15 400ms 单向时延时燃料电池输出功率仿真结果

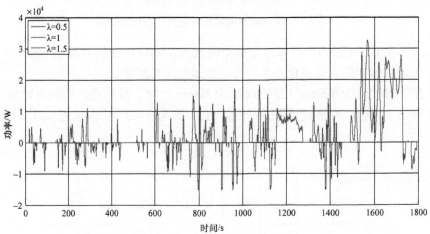

图 5.16 400ms 单向时延时蓄电池输出功率仿真结果

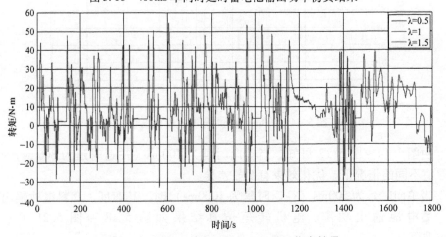

图 5.17 400ms 单向时延时电机转矩仿真结果

第 5 章
分布式测试平台数据传输优化方法研究

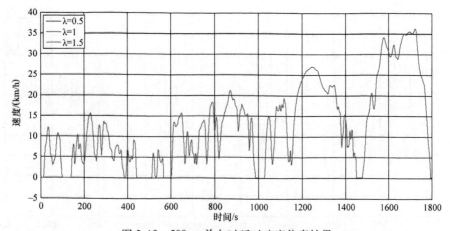

图 5.18　500ms 单向时延时速度仿真结果

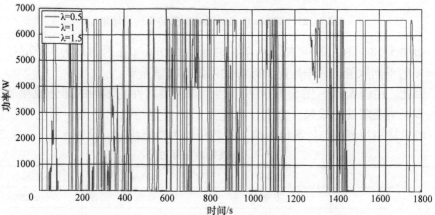

图 5.19　500ms 单向时延时燃料电池输出功率仿真结果

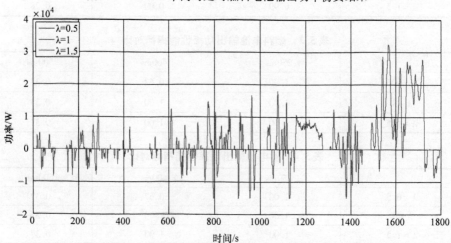

图 5.20　500ms 单向时延时蓄电池输出功率仿真结果

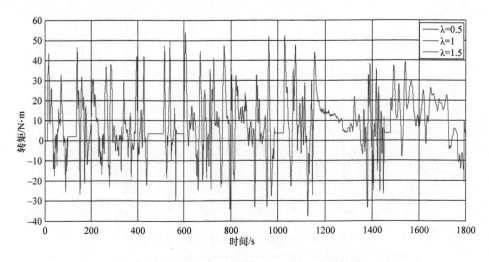

图 5.21 500ms 单向时延时电机转矩仿真结果

由图 5.18~图 5.21 可知,当单向时延为 500ms(往返时延为 1000ms)时,对于 λ 的不同取值,几项性能指标的优化没有明显差异。

因此,由图 5.10~图 5.21 可初步得到观测器对性能影响的部分规律。为了进一步说明观测器的效果,分别计算速度、燃料电池输出功率、蓄电池输出功率、电机转矩观测值与标准值差值的范数值作为性能指标,见表 5.2~表 5.5。

表 5.2 速度性能指标对比

	250ms	400ms	500ms
$\lambda = 0.5$	0.99	0.61	0.28
$\lambda = 1$	0.99	1.00	0.28
$\lambda = 1.5$	0.99	0.99	0.28

表 5.3 燃料电池输出功率性能指标对比

	250ms	400ms	500ms
$\lambda = 0.5$	1.00	0.62	0.33
$\lambda = 1$	1.00	1.00	0.33
$\lambda = 1.5$	1.00	1.00	0.33

表 5.4 蓄电池输出功率性能指标对比

	250ms	400ms	500ms
$\lambda = 0.5$	1.00	0.67	0.37
$\lambda = 1$	1.00	1.00	0.37
$\lambda = 1.5$	1.00	1.00	0.37

表 5.5　电机转矩性能指标对比

	250ms	400ms	500ms
$\lambda=0.5$	1.00	0.61	0.28
$\lambda=1$	1.00	1.00	0.28
$\lambda=1.5$	1.00	1.00	0.28

由表 5.2 可知，当单向时延为 250ms 时，无论 λ 取值如何，对速度的优化效果一致，均没有明显优化效果；当单向时延为 400ms 时，$\lambda=0.5$ 时速度的性能指标为 0.61，优于 $\lambda=1$ 以及 $\lambda=1.5$；当单向时延为 500ms 时，无论 λ 取值如何，对速度的优化效果一致，性能指标均为 0.28，优化效果明显。

由表 5.3 可知，当单向时延为 250ms 时，无论 λ 取值如何，对燃料电池输出功率的优化效果一致，均没有明显优化效果；当单向时延为 400ms 时，$\lambda=0.5$ 时燃料电池输出功率的性能指标为 0.62，优于 $\lambda=1$ 以及 $\lambda=1.5$；当单向时延为 500ms 时，无论 λ 取值如何，对燃料电池输出功率的优化效果一致，性能指标均为 0.33，优化效果明显。

由表 5.4 可知，当单向时延为 250ms 时，无论 λ 取值如何，对蓄电池输出功率的优化效果一致，均没有明显优化效果；当单向时延为 400ms 时，$\lambda=0.5$ 时蓄电池输出功率的性能指标为 0.67，优于 $\lambda=1$ 以及 $\lambda=1.5$；当单向时延为 500ms 时，无论 λ 取值如何，对蓄电池输出功率的优化效果一致，性能指标均为 0.37，优化效果明显。

由表 5.5 可知，当单向时延为 250ms 时，无论 λ 取值如何，对电机转矩的优化效果一致，均没有明显优化效果；当单向时延为 400ms 时，$\lambda=0.5$ 时电机转矩的性能指标为 0.61，优于 $\lambda=1$ 以及 $\lambda=1.5$；当单向时延为 500ms 时，无论 λ 取值如何，对燃料电池输出功率的优化效果一致，性能指标均为 0.28，优化效果明显。

由以上分析可知，$\lambda=0.5$ 时，对燃料电池输出功率、蓄电池输出功率、电机转矩的优化效果最为明显。

5.2.2　观测器对透明度的影响

由第 4 章可知，透明度是衡量传输效果的重要指标，因此对于带有 $\lambda=0.5$ 的观测器系统，须计算其车速、燃料电池输出功率、蓄电池输出功率、电机转矩的透明度，如车速两两比较参数表（表 5.6）、燃料电池输出功率两两比较参数表（表 5.7）、蓄电池输出功率两两比较参数表（表 5.8）、电机转矩两两比较参数表（表 5.9）所示。

表5.6 车速两两比较参数表

样本1-样本2	平均差异	标准差	显著性
0ms-250ms	0.00092	0.03336	1.000
0ms-带有观测器250ms	0.00084	0.03336	1.000
0ms-带有观测器400ms	0.00091	0.03336	1.000
0ms-带有观测器500ms	0.00084	0.03336	1.000
250ms-带有观测器250ms	-0.00008	0.03336	1.000
250ms-带有观测器400ms	-0.00001	0.03336	1.000
250ms-带有观测器500ms	-0.00008	0.03336	1.000

表5.7 燃料电池输出功率两两比较参数表

样本1-样本2	平均差异	标准差	显著性
0ms-250ms	-38.10518	9.96030	0.001
0ms-带有观测器250ms	-38.18946	9.96030	0.001
0ms-带有观测器400ms	-57.71245	9.96030	0.000
0ms-带有观测器500ms	-38.18946	9.96030	0.001
250ms-带有观测器250ms	-0.08428	9.96030	1.000
250ms-带有观测器400ms	-19.60727	9.96030	0.281
250ms-带有观测器500ms	-0.08428	9.96030	1.000

表5.8 蓄电池输出功率两两比较参数表

样本1-样本2	平均差异	标准差	显著性
0ms-250ms	-38.10518	13.72589	0.044
0ms-带有观测器250ms	-38.18946	13.72589	0.043
0ms-带有观测器400ms	-38.18946	13.72589	0.043
0ms-带有观测器500ms	1 014.42250	13.72589	0.000
250ms-带有观测器250ms	-0.08428	13.72589	1.000
250ms-带有观测器400ms	-0.08428	13.72589	1.000
250ms-带有观测器500ms	1 052.52768	13.72589	0.000

表5.9 电机转矩两两比较参数表

样本1-样本2	平均差异	标准差	显著性
0ms-250ms	-0.18953	0.04823	0.001
0ms-带有观测器250ms	-0.19401	0.04823	0.001
0ms-带有观测器400ms	-0.27733	0.04823	0.000
0ms-带有观测器500ms	-0.94083	0.04823	0.000
250ms-带有观测器250ms	-0.00448	0.04823	1.000
250ms-带有观测器400ms	-0.08780	0.04823	0.362
250ms-带有观测器500ms	-0.75130	0.04823	0.000

对于车速这一参数,根据第 4 章的结论可知,无论是否存在观测器,其车速与无时延状态相比,均为高透明度,观测器对透明度无影响。对于燃料电池输出功率,虽然增加观测器后,有时延与无时延相比仍为低透明度,但值得注意的是,带有观测器的 400ms、500ms 单向时延下的透明度与 250ms 时延下透明度一致,可认为在这种情况下观测器对系统透明度的提高有正向作用。同理,对于蓄电池输出功率和电机转矩,带有观测器的 400ms 单向时延下的透明度与 250ms 时延下透明度一致,也反映了观测器对系统透明度提高的正向作用。不同参数透明度对比如图 5.22(见彩插)所示。

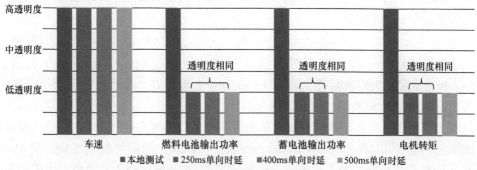

图 5.22　不同参数透明度对比

对于基于互联网的汽车动力系统分布式测试平台,本章所用的滑模状态观测器可有效降低由于网络延迟产生的负面影响。

5.3　针对数据丢包的分布式测试平台预测补偿器设计

为了减少数据包丢失对燃料电池汽车动力系统分布式测试平台稳定性的影响,本书将通过设计具有鲁棒预测的补偿控制器来优化系统由于数据丢包产生的不良影响。

5.3.1　补偿器设计

【引理 5.1】　(Schurz 补定理)给定常数矩阵 A, P, Q,其中 $P = P^T > 0$, $Q = Q^T$,则 $A^T P A + Q < 0$ 成立,当且仅当 $\begin{bmatrix} -P^{-1} & A \\ A^T & Q \end{bmatrix} < 0$ 或 $\begin{bmatrix} Q & A^T \\ A & -P^{-1} \end{bmatrix} < 0$。

【引理 5.2】　设 $W, M, N, F(k)$ 为具有适当维数的实矩阵,其中 $F(k)$ 满足 $F^T(k)F(k) \leq I$,W 为对称阵,那么 $W + N^T F^T(k) M^T + M F(k) N < 0$,当且仅当存在常数 $\varepsilon > 0$,使得 $W + \varepsilon^{-1} N^T N + \varepsilon M M^T < 0$。

【引理5.3】 对于任意的向量 a，b，和正定矩阵 X，有下列不等式成立：
$$\pm 2a^T b \leq a^T X^{-1} a + b^T X b$$

【引理5.4】 若存在矩阵 X，Y，T，N，其中 X，Z 为对称阵，并且满足 $\begin{bmatrix} X & Y \\ T^T & Z \end{bmatrix} \geq 0$，则对任意适当维数向量 a，b，有

$$-2a^T N b \leq \begin{bmatrix} a \\ b \end{bmatrix}^T \begin{bmatrix} X & Y-N \\ Y^T - N^T & Z \end{bmatrix} \begin{bmatrix} a \\ b \end{bmatrix} \tag{5.15}$$

【定义5.1】 一个线性矩阵不等式（LMI，Linear Matrix Inequality）就是具有如下述形式的表达式

$$F(x) = F_0 + x_1 F_1 + \cdots + x_m F_m < 0 \tag{5.16}$$

式中，x_1，x_2，$\cdots x_m$ 称为线性矩阵不等式的决策变量；$F_i = F_i^T$，$i = 0$，1，$\cdots$，m 是给定的实对称矩阵。其中 $F(x)$ 为一个负定值，其最大特征值小于零，对所有非零向量 w 来说，$w^T F(x) w < 0$。

为了便于研究基于燃料电池汽车动力系统分布式测试平台丢包的影响，将系统简化为基于 RMPC（robust model predictive control）的网络控制系统，其中 x 和 u 分别是执行器的输入和输出，x_c 和 u_c 则是控制器的输入和输出。由于控制器和执行器之间通过互联网连接，因此在数据包传输的过程中会因为网络拥塞等问题的出现而产生数据丢包。将系统状态方程写为

$$\begin{cases} x(k+1) = A(\delta(k)) x(k) + B u(k) \\ y(k) = C x(k) \end{cases} \tag{5.17}$$

式中，$\delta(k)$ 为系统不确定性参数

$$\delta(k) \in \Delta \triangleq \{\delta = [\delta_1, \cdots, \delta_g]^T : \delta_j \in [a_j, b_j]\} \tag{5.18}$$

系统不确定性矩阵满足如下形式

$$A(\delta(k)) = \sum_{j=1}^{L} \lambda_j(\delta(k)) A_j \tag{5.19}$$

式中，$\sum_{j=1}^{L} \lambda_j(\delta(k)) = 1$；$\lambda_j(\delta(k)) \geq 0, j = 1, \cdots, L$。

为了补偿丢失的数据包，可设

$$x_c = \begin{cases} x(k) & \text{无丢包} \\ x(k-1) & \text{丢包} \end{cases} \tag{5.20}$$

针对系统出现丢包的情况，引入两个随机序列对数据包丢失进行描述：$\{\alpha_1(k)\}$ 和 $\{\alpha_2(k)\}$，$\{\alpha_1(k)\}$ 为执行器到控制器之间的数据包丢失的描述，$\{\alpha_2(k)\}$ 为控制器到执行器之间的数据包丢失的描述。因此

$$x_c(k) = \alpha_1(k) x(k), u(k) = \alpha_2(k) u_c(k) \tag{5.21}$$

$$\begin{cases} \text{Prob}\{\alpha_1(k)=1\} = E\{\alpha_1(k)\} = \alpha \\ \text{Prob}\{\alpha_1(k)=0\} = 1-\alpha \\ \text{Prob}\{\alpha_2(k)=1\} = E\{\alpha_2(k)\} = \beta \\ \text{Prob}\{\alpha_2(k)=0\} = 1-\beta \end{cases} \quad (5.22)$$

这里，$\alpha > 0$，$\beta \leqslant 1$。

为了简化基于丢包的状态方程，引入另一个随机数列 $e(k)$，使得

$$\begin{cases} e(k) = \alpha_1(k)\alpha_2(k) \\ \text{Prob}\{e(k)=1\} = E\{e(k)\} = \bar{e} = \alpha\beta \\ \text{Prob}\{e(k)=0\} = 1-\alpha\beta \end{cases} \quad (5.23)$$

其中，$0 < \bar{e} \leqslant 1$。

式（5.21）可重新改写成如下形式：

$$x_c(k) = \alpha\beta x(k) + (1-\alpha\beta)x(k-1) \quad (5.24)$$

通过补偿器，考虑如下的状态反馈控制器：

$$u(k) = K(k)x_c(k) \quad (5.25)$$

式中，矩阵 $K(k)$ 是需要设计的控制器增益。

因此可将式（5.17）整理成如下形式：

$$\begin{cases} x(k+1) = [A\delta(k) + \alpha\beta BK(k)]x(k) + (1-\alpha\beta)BK(k)x(k-1) \\ y(k) = Cx(k) \end{cases} \quad (5.26)$$

本书采用的是输出反馈鲁棒预测控制，输出反馈鲁棒预测控制是鲁棒预测控制器和输出反馈控制器相结合的鲁棒预测补偿算法。通过这类算法，可以使网络控制系统在状态不可测的状态下仍然能够实现较好的控制性能，对于输出反馈鲁棒预测控制器的研究，目前有两种较为普及的方法：将网络控制系统的状态不可测的问题通过观测器弱化，控制系统利用输出反馈鲁棒控制算法先确定系统的控制机制，随后利用网络控制系统的输入输出数据，构造状态观测器，事实上，可以通过状态观测器来弥补状态不可测的问题，因此可得到输出反馈鲁棒预测控制器。除此之外，还有一类方法，即使网络控制系统状态不可测，也不使用状态观测器进行解决，而是实时监测网络控制系统输出值来设计输出反馈控制器。

首先定义 $x(k+i|k)$ 和 $y(k+i|k)$ 为系统在 k 时刻对 $k+i$ 时刻的预测值，结合丢包补偿器可得：

$$u_c(k+i|k) = K(k)x_c(k+i|k), i=0,1,2,L \quad (5.27)$$

考虑鲁棒预测控制的性能指标如下

$$J_\infty(k) = \max_{\delta(k+i) \in \Delta, i \geqslant 0} E\left\{ \sum_{i=0}^{\infty} (|x(k+i|k)|_Q^2 + u(k+i|k)_R^2|) \right\} \quad (5.28)$$

式中，Q 和 R 分别为对称正定矩阵。

假设离散控制系统状态可测,$x(k\mid k)$为k时刻测量到的系统的状态量,且系统的输入输出量无约束。若给定对称正定矩阵$Q>0$,$R>0$,且有Z_j,G_j,$X_j>0$,$\gamma>0$,则上述丢包补偿策略能够使得鲁棒预测控制的性能指标上界$V(k\mid k)$满足式(5.29)~式(5.31)。

$$\begin{bmatrix} 1 & * \\ x(k\mid k) & X_j \end{bmatrix} \geq 0, j=1,2,\cdots,L \tag{5.29}$$

$$\begin{bmatrix} G_j^T + G_j - X_j & * & * & * & * \\ A_j G_j + \bar{e}BZ_j & X_l & * & * & * \\ \sqrt{e(1-\bar{e})}BZ_j & 0 & X_l & * & * \\ \sqrt{Q}G_j & 0 & 0 & \gamma I & * \\ \sqrt{e}RZ_j & 0 & 0 & 0 & \gamma I \end{bmatrix} > 0 \tag{5.30}$$

式中,$j=1,2,\cdots,L$;$l=1,2,\cdots,L$。

另外,

$$J_\infty(k) \leq V(k\mid k) \leq \gamma \tag{5.31}$$

$$V(k+i\mid k) = \mid x(k+i\mid k)\mid^2_{P(\delta(k+i))} \tag{5.32}$$

$$P(\delta(k+i)) = \sum_{j=1}^{L} \lambda_j(\delta(k))P_j \tag{5.33}$$

$$P_j = \gamma X_j^{-1} \tag{5.34}$$

丢包补偿控制器反馈矩阵

$$K(k) = \sum_{j=1}^{L} \lambda_j(\delta(k))K_j \tag{5.35}$$

其中

$$K_j = Z_j G_j^{-1} \tag{5.36}$$

鲁棒预测控制算法的运算流程为:

步骤0:令$k=0$;

步骤1:测量系统状态$x(k\mid k)=x(k)$和$\delta(k)$;

步骤2:如果$x(k\mid k)$从执行器传输到控制器,则求解最优问题$\min_{G_j,X_j,Z_j}\gamma$,$s.t.$ 41,42计算$K(k)$,否则转入步骤4;

步骤3:将控制器的控制量$u(k)=K(k)x(k)$作用于控制系统;

步骤4:令$k=k+1$,并转入步骤1。

【引理5.5】 假设线性矩阵不等式(5.22)和(5.23)成立,则采用上述定理中的控制器就可得下式:

$$E\left\{\|x(k+i\mid k)\|^2_{P(\delta(k+i))}\right\} \leq \gamma_k, i=0,1,L \qquad (5.37)$$

其中，$P(\delta(k+i)) = \sum_{l=1}^{L} \lambda_l(\delta(k+i)) X_l^{-1}$，$X_l$ 和 γ_k 可通过算法在 k 时刻计算得出。

【定理 5.1】 如果算法的步骤 2 在时刻 k 具有可行解，则在时刻 $k+i$ 也具有可行解，$i=1,2,L$。

令 P_{k_j} 为算法在采样时刻 k 的最优解，并且 $P_k(\delta(k+i)) = \sum_{j=1}^{L} \lambda_j(\delta(k+i))P_k$。记 $V(k+i\mid k) = \|x(k+i\mid k)\|^2_{P_k(\delta(k+i))}$，在时刻 $k+1$，$P_{k+1}(\delta(k+1))$ 是最优的，因此可得：

$$V(k+1\mid k+1) = \|x(k+1\mid k+1)\|^2_{P_k(\delta(k+1))} \qquad (5.38)$$

又由

$$\begin{aligned}
&E\left\{\|x(k+i\mid k)\|^2_{P(\delta(k+i))}\right\} - V(k\mid k) \\
&\leq -x(k\mid k)^{\mathrm{T}}(\boldsymbol{Q} + \bar{e}\boldsymbol{K}_k^{\mathrm{T}}\boldsymbol{R}\boldsymbol{K}_k)x(k\mid k) \\
&\leq -\lambda_{\min}(\boldsymbol{Q} + \bar{e}\boldsymbol{K}_k^{\mathrm{T}}\boldsymbol{R}\boldsymbol{K}_k)x(k\mid k)^{\mathrm{T}}x(k\mid k)
\end{aligned} \qquad (5.39)$$

递推得：

$$\begin{aligned}
&E\{V(N+1)\mid x_0,\delta(0)\} - E\{V(0)\mid x_0,\delta(0)\} \\
&\leq -\xi E\left\{\sum_{t=0}^{N}\|x(t)\|^2 \mid x_0,\delta(0)\right\}
\end{aligned} \qquad (5.40)$$

其中 $\xi = \inf\{\lambda_{\min}(\boldsymbol{Q} + \bar{e}\boldsymbol{K}_k^{\mathrm{T}}\boldsymbol{R}\boldsymbol{K}_k)\} > 0$，由上式得：

$$E\left\{\sum_{t=0}^{N}\|x(t)\|^2 \mid x_0,\delta(0)\right\} \leq \frac{1}{\xi}E\{V(0)\mid x_0,\delta(0)\} = \frac{1}{\xi}x_0^{\mathrm{T}}P_0 x_0 \qquad (5.41)$$

因此闭环控制系统趋于稳定。

5.3.2 仿真分析

基于互联网的燃料电池汽车动力系统分布式测试平台的空间状态方程如式 (5.26) 所示，取采样周期为 $T = 0.001\text{s}$，将状态方程离散化，可得：

$$x(k+1) = A(\alpha(k))x(k) + B(k)u(k) \qquad (5.42)$$

其中，由于基于互联网的燃料电池汽车动力系统无不确定性参数，因此令 $\alpha(k)$ 为一常数，式（5.42）可整理为

$$x(k+1) = Ax(k) + Bu(k) \qquad (5.43)$$

假设系统的状态均为可测量值，基于鲁棒预测算法的燃料电池汽车动力系统

进行丢包预测仿真分析，设初始状态矢量 $x^T = [0\ \ 0\ \ 0]^T$，取对称正定矩阵

$$Q = \begin{bmatrix} 1 & 0 & 0 \\ 0 & 1 & 0 \\ 0 & 0 & 1 \end{bmatrix},\ R = \begin{bmatrix} 0.1 & 0 \\ 0 & 0.1 \end{bmatrix}$$

设 $\bar{e}=0.5$ 时对系统进行仿真分析，由仿真结果可得系统仿真过程中数据包传输的成功情况，如图 5.23 所示。

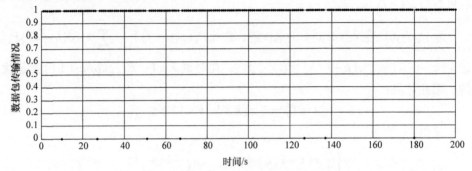

图 5.23　丢包情况

仿真的另一个重要的结果为状态反馈补偿器 K 的取值，如图 5.24 所示，

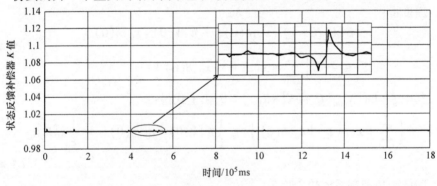

图 5.24　K 值

系统仿真在基于状态反馈补偿的鲁棒预测控制器的作用下对系统稳定性的影响如图 5.25（见彩插）和图 5.26 所示。

由图 5.25 可知，在数据包丢失率为 5% 的情况下，在整个测试路段过程中，在鲁棒预测补偿器优化后，输出车速虽然并没有达到理想状态下的输出车速，不过均有了较大的改善。为了对比优化效果，将理想状态下的输出车速作为参考车速，对数据包丢失率为 5% 有鲁棒预测补偿器优化车速、无优化车速与参考车速取差值，其结果如图 5.26 所示，鲁棒预测补偿器的优化策略使得分布式测试平台在数据包丢失率为 5% 的情况下，输出车速与参考车速的差值在 0 附近波动，

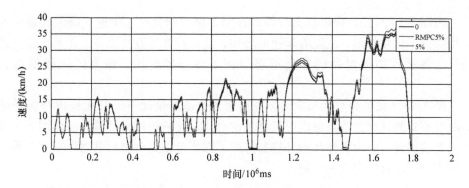

图 5.25 RMPC、5%丢包率和0丢包率与车速的关系

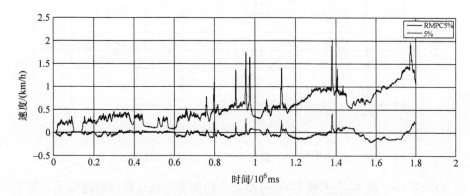

图 5.26 RMPC、5%丢包率和0丢包率的速度差

且较无鲁棒预测补偿器的输出车速稳定,优化效果较为明显。

为了进一步分析鲁棒预测补偿器的优化效果,本书将鲁棒预测补偿器的输出车速与参考车速的差,与无鲁棒预测补偿器的输出车速与参考车速的差进行比较,再取差值,作为鲁棒预测补偿器的优化质量,如图5.27所示。

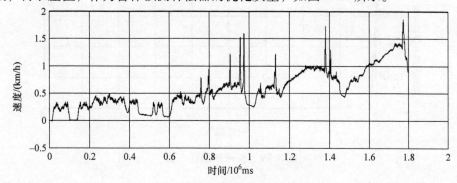

图 5.27 鲁棒预测补偿器优化质量

由图 5.27 可知，鲁棒预测补偿器在测试路况的低速、中速、高速和超高速段均发挥了优化作用，且随着车速的增加，优化程度也有所提高，尤其在超高速路段，鲁棒预测补偿器的优化策略发挥了较好的作用，最大优化幅值达到 2km/h。

图 5.28（见彩插）为具有 5% 数据包丢失率的情况下，有无鲁棒预测补偿器时分布式测试平台仿真过程中氢耗量的对比，在鲁棒预测补偿器的作用下，氢耗量有所提升，因为鲁棒预测补偿器降低了数据包丢失对燃料电池汽车动力系统分布式测试平台稳定性的影响。

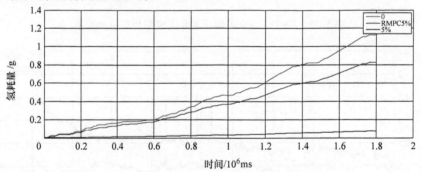

图 5.28　RMPC、5% 丢包率和 0 丢包率与氢耗量的关系

由图 5.25、图 5.27 和图 5.28 可知，当控制系统在互联网的连接下，如果系统发生 5% 的数据丢包率，在鲁棒预测补偿控制策略的作用下，系统的稳定性有较大程度提升。

加速阶段的测试工况与前文一致，仿真过程中，数据包在数据丢包率为 5% 的情况下的鲁棒预测补偿控制器的增益 K 值如图 5.29 所示，

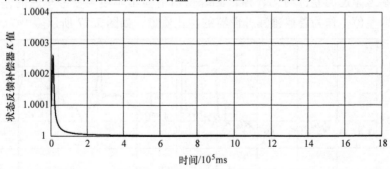

图 5.29　预测补偿器 K 值

由图 5.29 所示，随着仿真时间的进行，K 值逐渐趋于 1，因为在加速路段，速度大小和上一个采样周期之间的倍数关系越来越小，且在开始阶段，两个相邻

采样周期之间的倍数值最大。

由图 5.30（见彩插）可知，具有鲁棒预测补偿器的分布式测试平台输出车速小于理想状态下分布式测试平台的输出车速，为了进一步说明鲁棒预测补偿器对系统稳定性具有优化的效果，以理想状态下的燃料电池汽车输出车速作为数据分析的参考量，将有无鲁棒预测补偿器的输出车速与理想状态下的输出速度取差值得图 5.31（见彩插），由图 5.31 可以得出，在鲁棒预测补偿器的优化下，虽然输出车速较理想状态下的输出车速小，但是速度差趋于 0，总体优化效果较好。为了进一步说明优化效果，本书将对仿真过程中的燃料电池汽车氢耗量做进一步分析，仿真过程中的氢耗量如图 5.32（见彩插）所示，

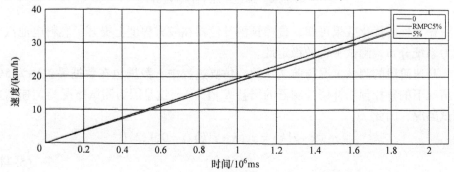

图 5.30 5% 丢包率下有无鲁棒预测补偿器的输出车速

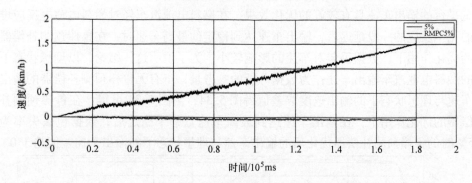

图 5.31 有无鲁棒预测补偿器与无丢包的输出速度差

由图 5.32 可知，氢耗量随着车速的增加而增加，且具有鲁棒预测补偿器的分布式测试平台的氢耗量，虽然在数据包丢失的情况下并不能完全避免其对系统稳定性的影响，但在较大程度上使得氢耗量趋于理想状态下的燃料电池汽车动力系统分布式测试平台的氢耗量，提升了燃料电池汽车动力系统分布式测试平台的稳定性。

由于对加速测试路况下鲁棒预测补偿器对燃料电池汽车动力系统分布式测试

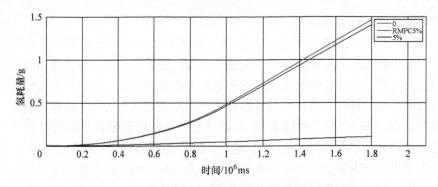

图 5.32 加速路况下的氢耗量

平台稳定性的优化效果可知，鲁棒预测补偿器在较大程度上提升了燃料电池汽车动力系统分布式测试平台的稳定性。

高速阶段的测试工况与前文一致，仿真过程中，数据包在数据丢包率为 5% 的情况下的鲁棒预测补偿控制器的增益 K 值为 1，这是因为测试路况为匀速高速测试路况，因此

$$u_c(k+i|k) = x_c(k+i|k), i = 0,1,2,L$$

$$K(k) \triangleq 1 \tag{5.44}$$

由图 5.33（见彩插）可知，鲁棒预测补偿器对高速测试工况下的分布式测试平台的输出车速具有较好的优化效果，在燃料电池汽车经过燃料电池电反应堆的化学反应的一段延迟后，输出车速达到稳定的最高车速时，在鲁棒预测补偿器的优化作用下，数据丢包对车速的影响较小。为了说明这一结论，以理想状态下的燃料电池汽车输出车速作为数据分析的参考量，将有无鲁棒预测补偿器的输出车速与理想状态下的输出速度取差值得图 5.34，由图 5.34 可得，在鲁棒预测补偿器的优化作用下，在输出车速达到最高车速且趋于稳定后，数据包丢失率为 5% 时的鲁棒预测补偿器优化后的输出车速与理想状态下的输出车速差值趋于 0。

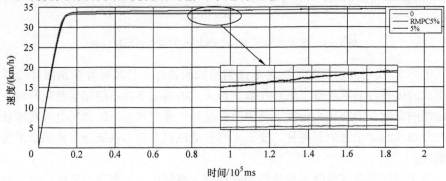

图 5.33 有无鲁棒预测补偿器的输出速度对比

第 5 章
分布式测试平台数据传输优化方法研究

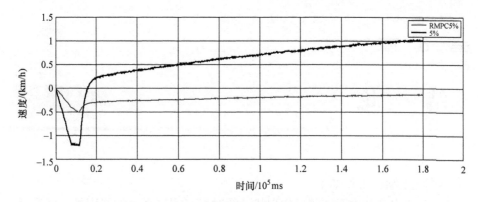

图 5.34　有无鲁棒预测补偿器的输出速度于理想状态速度差对比

图 5.35（见彩插）为有无鲁棒预测补偿器优化的分布式测试平台氢耗量的对比图，由图可知，有数据丢包的燃料电池汽车动力系统分布式测试平台在仿真过程中的氢耗量在鲁棒预测补偿器的优化后，对氢耗量的影响将变得相对较小。

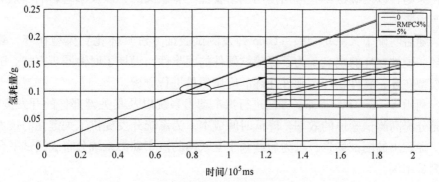

图 5.35　有无鲁棒预测补偿器的氢耗量对比

5.4　本章小结

本章讨论了三种分布式测试平台数据传输优化方法。神经网络时间序列预测可对平台进行全局优化；利用观测器对分布式测试平台的数据传输进行优化，使得系统性能得到提高；为了减少数据包丢失对分布式测试平台稳定性的影响，设计具有鲁棒预测的补偿控制器来优化系统的稳定性。这三种分布式测试平台数据传输优化方法对该类平台的优化方法具有指导意义。

第 6 章

结 论

本书主要研究工作如下：

1）基于汽车动力系统测试的现状，针对现有测试平台的局限性，特别是无法实现软硬件结合测试的特点，引入分布式系统与 X–in–the–Loop 开发测试验证方法。首先对分布式系统基本性能、模型架构、网络架构以及网络通信协议的选择进行了介绍，给出了分布式系统的架构和应用场景，以及分布式系统的网络化原则，以便确定哪些应用使用网络验证是有意义的，以及哪些影响因素对结果产生影响。

随后明确了 X–in–the–Loop 开发测试验证方法具体化到模型在环、软件在环、硬件在环的定义。为了保障软硬件的同步性，设计了时钟同步方法。随后对模型在环、软件在环、硬件在环的应用场景进行分析。

利用 X–in–the–Loop 方法进行汽车动力系统以及其关键部件的开发测试，可充分提高测试验证的效率，降低时间成本，为系统开发提供了关键性的技术支持。提炼出的测试场景，可为后续基于互联网的汽车动力系统分布式测试平台提供测试用例。

2）根据分布式系统架构与 X–in–the–Loop 应用场景，分别对动力系统的各关键组成部分进行建模，包括燃料电池、蓄电池、能量管理控制策略、整车及驾驶员、电驱动系统。为了实现 X–in–the–Loop 软硬件结合的要求，并充分利用中德合作项目资源，引入了 Mini Electric Drive System in Hardware 测试平台，并验证了软硬件结合的可行性。

3）对中德之间的网络状况进行测量，得出了中德之间网络状态的一般规律。随后对模块自身的设置和特性与数据传输的影响关系进行了讨论，包括求解器设置、delay 模块设置、采样时间设置等，并选取了测试工况。针对中德网络中存在的数据丢包问题，分析了数据丢包的影响因素，建立了考虑数据丢包的系统状态方程，并建立了基于马尔科夫随机过程的数据丢包模型。

4）讨论了基于互联网的分布式系统对系统透明度的影响，以及数据丢包对系统性能的影响。首先设置了几种不同的软硬件配置，以仿真测试结果为基础，利用非参数统计方法分析了几种不同软硬件配置下的系统透明度，纯仿真平台相较于软硬件结合平台，其透明度较高，受网络状态影响较小。速度/力输出相较于功率/能量输出，透明度相对较高，受网络影响较小。然后通过对不同工况下对氢耗量以及输出车速进行考虑数据丢包的仿真，在不同数据包丢失率的情况下，数据丢包对系统性能均有一定的影响。

5）讨论了三种分布式测试平台数据传输优化方法。神经网络时间序列预测可对平台进行全局优化；利用观测器对分布式测试平台的数据传输进行优化，使得系统性能得到提高；为了减少数据包丢失对分布式测试平台稳定性的影响，设计具有鲁棒预测的补偿控制器来优化系统的稳定性。这三种分布式测试平台数据传输优化方法对该类平台的优化方法具有指导意义。

参 考 文 献

[1] CORBO P, CORCIONE F E, MIGLIARDINI F, et al. Experimental assessment of energy–management strategies in fuel–cell propulsion systems [J]. Journal of Power Sources, 2006, 157 (2): 799–808.

[2] THOUNTHONG P, RAëL S, DAVAT B. Control strategy of fuel cell/supercapacitors hybrid power sources for electric vehicle [J]. Journal of Power Sources, 2006, 158 (1): 806–814.

[3] VURAL B, BOYNUEGRI A R, NAKIR I, et al. Fuel cell and ultra–capacitor hybridization: a prototype test bench based analysis of different energy management strategies for vehicular applications [J]. International Journal of Hydrogen Energy, 2010, 35 (20): 11161–11171.

[4] SALAH M, MALLOUH M A, YOUSSEF M, et al. Hybrid vehicular fuel cell/battery power-train test bench: design, construction, and performance testing [J]. Transactions of the Institute of Measurement & Control, 2016, 39 (9): 1431–1440.

[5] ERICKSON T. 借助 NI LabVIEW 和 CompactRIO 控制世界上最大的燃料电池混合动力机车 [EB/OL]. http://sine.ni.com/cs/app/doc/p/id/cs–15579#, 2016–12–11/1016–12–13.

[6] CORNWALL M, VANGILDER T, LA ZAR D, VANCAMP T. 福特公司使用 NI VeriStand 和 INERTIA 附件部署燃料电池测试系统 [EB/OL]. http://sine.ni.com/cs/app/doc/p/id/cs–15071#, 2016–12–11/2016–12–13.

[7] 谢长君, 全书海, 张琴, 等. 燃料电池混合电动汽车动力系统综合测试平台及测试方法: CN102494898A [P]. 2012.

[8] 张冰战, 赵韩, 张炳力, 等. 超级电容与燃料电池发动机混合动力系统测试研究 [J]. 汽车技术, 2008 (4): 44–47.

[9] 刘振. 轮毂电机驱动系统与燃料电池电动汽车的动力匹配 [D]. 长春: 吉林大学, 2015.

[10] 金振华, 欧阳明高, 卢青春, 等. 燃料电池动力系统仿真及实时控制平台开发 [J]. 中国机械工程, 2008, 19 (15): 1879–1882.

[11] 杨挺. 燃料电池汽车 DC/DC 变换器的虚拟仪器测试系统研究 [D]. 上海: 同济大学, 2008.

[12] SCHELKLE E, ELSENHANS H. Virtual vehicle development in the concept stage – current status of CAE and outlook on the future [R]. Proceedings of the 3rd MSC Worldwide Aerospace Conference & Technology Showcase, Toulouse, France, 24–26 September, 2001.

[13] DUMITRESCU C, MAZO R, SALINESI C, et al. Bridging the gap between product lines and systems engineering: an experience in variability management for automotive model based systems engineering [C]. Proceedings of the 17th International Software Product Line Conference, Tokyo, Japan, 1–3 August, 2013. ACM.

[14] TOENSHOFF H K. Machinability [M]. CIRP Encyclopedia of Production Engineering. Heidelberg: Springer, 2014: 769–770.

参考文献

［15］VANDENBOSCH M, DAWAR N. Beyond better products: Capturing value in customer interactions［J］. MIT Sloan Management Review, 2002, 43 (4): 35.

［16］TWIGG D. Managing product development within a design chain［J］. International Journal of Operations & Production Management, 1998, 18 (5): 508-524.

［17］WEBER J. Automotive development processes［M］. Heidelberg: Springer, 2014.

［18］TANG D, EVERSHEIM W, SCHUH G. A new generation of cooperative development paradigm in the tool and die making branch: strategy and technology［J］. Robotics and Computer-Integrated Manufacturing, 2004, 20 (4): 301-311.

［19］GASSMANN O, VON ZEDTWITZ M. New concepts and trends in international R&D organization［J］. Research Policy, 1999, 28 (2-3): 231-250.

［20］COULOURI G, DOLLIMORE J, KINDBERG T. 分布式系统概念与设计［M］. 金蓓弘, 马应龙, 等译. 北京: 机械工业出版社, 2004.

［21］OSI Model［EB/OL］. https://en.wikipedia.org/wiki/OSI_model.

［22］张艺濒, 张志斌, 赵咏, 等. TCP与UDP网络流量对比分析研究［J］. 计算机应用研究, 2010, 27 (6): 2192-2197.

［23］赵飞, 叶震. UDP协议与TCP协议的对比分析与可靠性改进［J］. 计算机技术与发展, 2006, 09: 219-221.

［24］SCHYR, C. Modellbasierte Methoden für die Validierungsphase im Produktentwicklungsprozess mechatronischer Systeme am Beispiel der Antriebs-strangentwicklung［D］. Karlsruhe: Karlsruher Institut für Technologie (KIT), 2006.

［25］ALBERS A, KUHL M, MULLER-GLASER K, SCHYR C. Vernetzung von Steuergeräten an Antriebsstrang-Prüfständen［J］. ATZ-Automobiltechnische Zeitschrift, 2004, 106 (10): 934-941.

［26］NOKES J. Real-time operating system: 实时操作系统［EB/OL］. https://searchdatacenter.techtarget.com.cn/whatis/9-21950/. 2008-06-17.

［27］WORN H, BRINKSCHULTE U. Echtzeitsysteme. Grundlagen, Funktionsweisen, Anwendungen［M］. Berlin: Springer, 2005.

［28］WANG Z. Internet QoS: Architectures and Mechanisms for Quality of Service［M］. Amsterdam: Elsevier, 2001.

［29］EL-GENDY M A, BOSE A, SHIN K G. Evolution of the Internet QoS and support for soft real-time applications［J］. Proceedings of the IEEE, 2003, 91 (7): 1086-1104.

［30］KRISHNAN R, MADHYASTHA H V, SRINIVASAN S, et al. Moving beyond end-to-end path information to optimize CDN performance［R］. Proceedings of the 9th ACM SIGCOMM conference on Internet measurement conference, Chicago, Illinois, USA, 4-6 November, 2009. ACM.

［31］CIAVATTONE L, MORTON A, RAMACHANDRAN G. Standardized active measurements on a tier 1 IP backbone［J］. IEEE Communications Magazine, 2003, 41 (6): 90-97.

［32］AT&T. AT&T Global IP Network［EB/OL］. 2016. https://www.corp.att.com.

[33] DOTCOM – MONITOR. Network Latency [EB/OL]. 2016. https://www.dotcom-monitor.com.

[34] VERIZON. IP Latency Statistics [EB/OL]. 2016. https://enterprise.verizon.com/terms/latency.

[35] MUKHERJEE A. On the dynamics and significance of low frequency components of Internet load [J]. Internetworking: Research & Experience, 1992, 5 (4): 163 – 205.

[36] HA S, LE L, RHEE I, et al. Impact of background traffic on performance of high – speed TCP variant protocols [J]. Computer Networks, 2007, 51 (7): 1748 – 62.

[37] BOLOT J – C. End – to – end packet delay and loss behavior in the Internet [R]. Proceedings of the ACM SIGCOMM Computer Communication Review, San Francisco, USA, 13 – 17 September, 1993. ACM.

[38] CHEN D, FU X, DING W, et al. Shifted gamma distribution and long – range prediction of Round Trip Timedelay for Internet – based teleoperation [R]. Proceedings of the IEEE International Conference on Robotics and Biomimetics, Bangkok, Thailand, 22 – 25 Feburary, 2009. IEEE.

[39] PAPAGIANNAKI K, MOON S, FRALEIGH C, et al. Analysis of measured single – hop delay from an operational backbone network [R]. Proceedings of the INFOCOM 2002 Twenty – First Annual Joint Conference of the IEEE Computer and Communications Societies, New York, NY, USA, 23 – 27 June, 2002. IEEE.

[40] HOOGHIEMSTRA G, VAN MIEGHEM P. Delay distributions on fixed internet paths [EB/OL]. 2001. https://www.nas.ewi.tudelft.nl/people/Piet/papers/e2eDelayRipe_IEEE.

[41] HERNANDEZ J – A, PHILLIPS I W. Weibull mixture model to characterise end – to – end Internet delay at coarse time – scales [J]. IEE Proceedings – Communications, 2006, 153 (2): 295 – 304.

[42] ELTETO T, MOLNAR S. On the distribution of round – trip delays in TCP/IP networks [R]. Proceedings of the Conference on Local Computer Networks, Lowell, MA, USA, 18 – 20 October, 1999. IEEE.

[43] KARAM M J, TOBAGI F A. Analysis of delay and delay jitter of voice traffic in the Internet [J]. Computer Networks, 2002, 40 (6): 711 – 26.

[44] SATO Y, ATA S, OKA I, et al. QRP07 – 6: On Inferring Network Impact Factors by Decomposition of Mixed Distribution [R]. Proceedings of the IEEE Globecom 2006, San Francisco, CA, USA, 27 November – 1 December, 2006.

[45] DOWNEY A B. Lognormal and Pareto distributions in the Internet [J]. Computer Communications, 2005, 28 (7): 790 – 801.

[46] SOLE R V, VALVERDE S. Information transfer and phase transitions in a model of internet traffic [J]. Physica A: Statistical Mechanics and its Applications, 2001, 289 (3): 595 – 605.

[47] KUNZMANN G, NAGEL R, HOSSFELD T, et al. Efficient Simulation of Large – Scale P2P Networks: Modeling Network Transmission Times [R]. Proceedings of the 15th EUROMICRO International Conference on Parallel, Distributed and Network – Based Processing, Naples, It-

aly, 7 - 9 Feburary, 2007. IEEE.

[48] KAUNE S, PUSSEP K, LENG C, et al. Modelling the internet delay space based on geographical locations [R]. Proceedings of the 2009 17th Euromicro International Conference on Parallel, Distributed and Network - based Processing, Weimar, Germany, 18 - 20 Feburary, 2009. IEEE.

[49] ZHANG L, ZHENG L, SOO NGEE K. Effect of delay and delay jitter on voice/video over IP [J]. Computer Communications, 2002, 25 (9): 863 - 873.

[50] HIKICHI K, MORINO H, ARIMOTO I, et al. The evaluation of delay jitter for haptics collaboration over the Internet [R]. Proceedings of the Global Telecommunications Conference, 2002 GLOBECOM 02 IEEE, Taipei, Taiwan, F 17 - 21 November, 2002. IEEE.

[51] BORELLA M S, SWIDER D, ULUDAG S, et al. Internet packet loss: measurement and implications for end - to - end QoS [R]. Proceedings of the ICPP Workshop on Architectural and OS Support for Multimedia Applications Flexible Communication Systems Wireless Networks and Mobile Computing, Minneapolis, MN, USA, 14 Aug, 1998.

[52] WALKER K C, PAN Y J, GU J. Bilateral Teleoperation Over Networks Based on Stochastic Switching Approach [J]. IEEE/ASME Transactions on Mechatronics, 2009, 14 (5): 539 - 554.

[53] BRUDNAK M, POZOLO M, PAUL V, et al. Soldier/hardware - in - the - loop simulation - based combat vehicle duty cycle measurement: duty cycle experiment 2 [R]. DTIC Document, 2007.

[54] ERSAL T, BRUDNAK M, STEIN J L, et al. Statistical Transparency Analysis in Internet - Distributed Hardware - in - the - Loop Simulation [J]. IEEE/ASME Transactions on Mechatronics, 2012, 17 (2): 228 - 238.

[55] MOSQUEDA G, STOJADINOVIC B, HANLEY J, et al. Hybrid Seismic Response Simulation on a Geographically Distributed Bridge Model [J]. Journal of Structural Engineering, 2008, 134 (4): 535 - 543.

[56] MASMOUDI M, BOUDADI L K E, LOUKIL A, et al. Real - Time Prediction of RTT Based on Holt - Winters Method for Internet - Based Teleoperation [J]. International Review on Computers & Software, 2015, 10 (1): 72 - 79.

[57] COMPERE M, GOODELL J, SIMON M, et al. Robust Control Techniques Enabling Duty Cycle Experiments Utilizing a 6 - DOF Crewstation Motion Base, a Full Scale Combat Hybrid Electric Power System, and Long Distance Internet Communications [R]. Proceedings of the SAE Power Systems Conference, New Orleans, LA, USA, 1 - 3 November, 2006.

[58] GOODELL J, COMPERE M, SIMON M, et al. Robust control techniques for state tracking in the presence of variable time delays [R]. Proceedings of the SAE Power Systems Conference, Detroit, MI, 1 October, 2006. SAE Technical Paper.

[59] TANDON A, BRUDNAK M J, STEIN J L, et al. An observer based framework to improve fidelity in internet - distributed hardware - in - the - loop simulations [R]. Proceedings of the

Dynamic Systems and Control Conference, Palo Alto, USA, F 21 – 23, October, 2013.

[60] ERSAL T, BRUDNAK M, SALVI A, et al. Development and model – based transparency analysis of an Internet – distributed hardware – in – the – loop simulation platform [J]. Mechatronics, 2011, 21 (1): 22 – 29.

[61] ERSAL T, BRUDNAK M, KIM Y, et al. A method to achieve high fidelity in internet – distributed hardware – in – the – loop simulation [R]. Proceedings of the NDIA Ground Vehicle Systems Engineering and Technology Symposium, Ann Arbor, USA, 14 – 16 August, 2012.

[62] ERSAL T, BRUDNAK M J, SALVI A, et al. An Iterative Learning Control Approach to Improving Fidelity in Internet – Distributed Hardware – in – the – Loop Simulation [J]. Journal of Dynamic Systems Measurement & Control, 2012, 136 (55).

[63] GE X, BRUDNAK M J, STEIN J L, et al. A Norm Optimal Iterative Learning Control framework towards Internet – Distributed Hardware – In – The – Loop simulation [R]. Proceedings of the 2014 American Control Conference, Portland, OR, USA, 4 – 6 June, 2014.

[64] RAHMANI B, MARKAZI A, NEZHAD P M. Plant input – mapping – based predictive control of systems through band – limited networks [J]. IET Control Theory & Applications, 2011, 5 (2): 341 – 350.

[65] RAHMANI B, MARKAZI A H. Variable selective control method for networked control systems [J]. IEEE Transactions on Control Systems Technology, 2013, 21 (3): 975 – 982.

[66] RAHMANI B, MARKAZI A H, SEYFI B. A new method for control of networked systems with an experimental validation [J]. ISA transactions, 2015, 56: 299 – 307.

[67] RAHMANI B, HASHEMI S R. Internet – based control of FCU hardware – in – the – loop simulators [J]. Simulation Modelling Practice and Theory, 2015, 56: 69 – 81.

[68] HASHEMI S, MONTAZERI M, NASIRI M. The compensation of actuator delay for hardware – in – the – loop simulation of a jet engine fuel control unit [J]. Simulation, 2014, 90 (6): 745 – 755.

[69] BHAMBHANI V, CHEN Y, XUE D. Optimal fractional order proportional integral controller for varying time – delay systems [J]. IFAC Proceedings Volumes, 2008, 41 (2): 4910 – 4915.

[70] CERVIN A, LINCOLN B, EKER J, et al. The jitter margin and its application in the design of real – time control systems [R]. Proceedings of the 10th International Conference on Real – Time and Embedded Computing Systems and Applications, Göteborg, Sweden, 1 – 3 August, 2004. Citeseer.

[71] BHAMBHANI V, HAN Y, MUKHOPADHYAY S, et al. Random delay effect minimization on a hardware – in – the – loop networked control system using optimal fractional order PI controllers [R]. Proceedings of the Third IFAC Workshop on Fractional Differentiation and its Applications, Ankara, Turkey, 2008.

[72] BHAMBHANI V, HAN Y, MUKHOPADHYAY S, et al. Hardware – in – the – loop experimental study on a fractional order networked control system testbed [J]. Communications in Nonlinear Science and Numerical Simulation, 2010, 15 (9): 2486 – 2496.

参 考 文 献

[73] MUKHOPADHYAY S, HAN Y, CHEN Y. Fractional order networked control systems and random delay dynamics: A hardware-in-the-loop simulation study [R]. Proceedings of the 2009 American Control Conference, St. Louis, MO, USA, F 10-12 June, 2009. IEEE.

[74] TEJADO I, HOSSEINNIA S H, VINAGRE B M, et al. Efficient control of a SmartWheel via internet with compensation of variable delays [J]. Mechatronics, 2013, 23 (7): 821-827.

[75] TEJADO I, VINAGRE B M, CHEN Y. Fractional Gain Scheduled Controller for a Networked Smart Wheel: Experimental Results [J]. IFAC Proceedings Volumes, 2011, 44 (1): 15043-15048.

[76] TEJADO I, VINAGRE B M, ROMERO M, et al. Experiences on an internet link characterization and networked control of a smart wheel [J]. International Journal of Bifurcation and Chaos, 2012, 22 (04): 1230015.

[77] SADEGHZADEH N, AFSHAR A, MENHAJ M B. An MLP neural network for time delay prediction in networked control systems [R]. Proceedings of the 2008 Chinese Control and Decision Conference, Yantai, China, 2-4 July, 2008. IEEE.

[78] Yi J, Wang Q, Zhao D, et al. BP neural network prediction-based variable-period sampling approach for networked control systems [J]. Applied Mathematics & Computation, 2007, 185 (2): 976-988.

[79] RAHMANI B, MARKAZI A H D. Networked control of industrial automation systems—a new predictive method [J]. The International Journal of Advanced Manufacturing Technology, 2012, 58 (5-8): 803-815.

[80] FURAO S, OGURA T, HASEGAWA O. An enhanced self-organizing incremental neural network for online unsupervised learning [J]. Neural Networks, 2007, 20 (8): 893-903.

[81] FATHY H K, FILIPI Z S, HAGENA J, et al. Review of hardware-in-the-loop simulation and its prospects in the automotive area [R]. Proceedings of the Defense and Security Symposium, Orlando, USA, 22 May, 2006. International Society for Optics and Photonics.

[82] STETTINGER G, ZEHETNER J, BENEDIKT M, et al. Extending Co-Simulation to the Real-Time domain [R]. Proceedings of the SAE 2013 World Congress & Exhibition, Detroit, USA, 8-10 April, 2013. SAE.

[83] STETTINGER G, HORN M, BENEDIKT M, et al. A model-based approach for prediction-based interconnection of dynamic systems [R]. Proceedings of the 53rd IEEE Conference on Decision and Control, Los Angeles, CA, USA, F 15-17 December, 2014. IEEE.

[84] REN X, RAD A B. Identification of nonlinear systems with unknown time delay based on time-delay neural networks [J]. IEEE transactions on neural networks, 2007, 18 (5): 1536-1541.

[85] BIRADAR R G, CHATTERJEE A, GEORGE K, et al. FPGA implementation of learning for online system identification [R]. Proceedings of the International Conference on Computing and Network Communications (CoCoNet), Thiruvananthapuram, KL, India, 16-19 December,

2015. IEEE.

[86] HASHTRUDI – ZAAD K, SALCUDEAN S E. Transparency in time – delayed systems and the effect of local force feedback for transparent teleoperation [J]. IEEE Transactions on Robotics and Automation, 2002, 18 (1): 108 – 114.

[87] AZIMINEJAD A, TAVAKOLI M, PATEL R V, et al. Transparent Time – Delayed Bilateral Teleoperation Using Wave Variables [J]. IEEE Transactions on Control Systems Technology, 2008, 16 (3): 548 – 555.

[88] LAWRENCE D A. Stability and transparency in bilateral teleoperation [J]. IEEE Transactions on Robotics and Automation, 1993, 9 (5): 624 – 637.

[89] YOKOKOHJI Y, YOSHIKAWA T. Bilateral control of master – slave manipulators for ideal kinesthetic coupling – formulation and experiment [J]. IEEE Transactions on Robotics and Automation, 1994, 10 (5): 605 – 620.

[90] GRIFFITHS P G, GILLESPIE R B, FREUDENBERG J S. A fundamental tradeoff between performance and sensitivity within haptic rendering [J]. IEEE Transactions on Robotics, 2008, 24 (3): 537 – 548.

[91] KOEHLER C, MAYER A, HERKERSDORF A. Determining the Fidelity of Hardware – In – the – Loop Simulation Coupling Systems [R]. Proceedings of the 2008 IEEE International Behavioral Modeling and Simulation Workshop, San Jose, CA, USA, 25 – 26 Septmber, 2008. IEEE.

[92] ERSAL T, BRUDNAK M, STEIN J L, et al. Variation – based transparency analysis of an internet – distributed hardware – in – the – loop simulation platform for vehicle powertrain systems [R]. Proceedings of the ASME 2009 Dynamic Systems and Control Conference, Hollywood, California, USA, 12 – 14 October, 2009. American Society of Mechanical Engineers.

[93] AVL LIST GmbH. Enrich your Reality – – Model. CONNECT™ – Integration of virtual and real components [EB/OL]. 2016. https://www.avl.com/-/model-connect-.

[94] STETTINGER G, BENEDIKT M, HORN M, et al. Control of a magnetic levitation system with communication imperfections: A model – based coupling approach [J]. Control Engineering Practice, 2017, 58: 161 – 170.

[95] TRANNINGER M, HAID T, STETTINGER G, et al. Fault – tolerant coupling of real – time systems: A case study [R]. Proceedings of the Control and Fault – Tolerant Systems (SysTol), 2016 3rd Conference on, Barcelona, Spain, 7 – 9 September, 2016. IEEE.

[96] TLK – THERMO GMBH. TISC Suite – – Connects Simulation Tools [R]. 2014.

[97] ALBERS A, DüSER T. A New Process for Configuration and Application of Complex Validation Environments Using the Example of Vehicle – in – the – Loop at the Roller Test Bench [R]. ASME 2010 International Mechanical Engineering Congress and Exposition. 2010: 807 – 816.

[98] 章桐, 牛文旭, 陈会翠, 等. X – in – the – loop 方法在燃料电池汽车动力系统测试上的应用 [J]. 汽车工程, 2018, 40 (01): 107 – 113.

[99] ALBERS A, DüSER T. Implementation of a vehicle – in – the – loop development and valida-

tion platform [R]. Proceedings of the FISITA World automotive congress, Budapest, Hungary, 30 May – 4 June, 2010.

[100] ALBERS A, YOU Y, KLINGLER S, et al. A New Validation Concept for Globally Distributed Multidisciplinary Product Development [C]. Proceedings of the 20th International Conference on Industrial Engineering and Engineering Management, Baotou, China, 16 – 19 August, 2013. Heidelberg: Springer, 2013.

[101] ALBERS A, MATROS K, BEHRENDT M, et al. Validierung von Hybridantrieben auf Basis des IPEK X – in – the – Loop – Ansatzes am Beispiel einer verbrauchs – und komfortoptimierten Betriebsstrategie für PHEVs [R]. Proceedings of the Grazer Symposium virtuelles Fahrzeug, Graz, Austria, 2015.

[102] ALBERS A, DüSER T, OTT S. X – in – the – loop als integrierte Entwicklungsumgebung von komplexen Antriebssystemen [R]. Proceedings of the Tagung Hardware – in – the – loop – Simulation, Kassel, Germany, 2008.

[103] ALBERS A, FREUDENMANN T, EL – HAJI M. An Approach to Increase the Efficiency of Experiments Applied for the Analysis of a Gear Unit [R]. Proceedings of the FISITA World automotive congress, Budapest, Hungary, 30 May – 4 June, 2010.

[104] ALBERS A, LERSPALUNGSANTI S. Method and Tool of Human Sensation Modeling for Comfort Evaluation of NVH Phenomenon on the Example of Gear Rattle [R]. Proceedings of the FISITA World automotive congress, Budapest, Hungary, 30 May – 4 June, 2010.

[105] ALBERS A, SEIFERMANN A. Method for model based monitoring of complex mechatronic systems [R]. Proceedings of the FISITA World automotive congress, Budapest, Hungary, 30 May – 4 June, 2010.

[106] ALBERS A, STIER C. Analysis of geometrical deviations in clutch systems and their interdependencies in relation to the excitation of judder vibrations [R]. Proceedings of the FISITA World automotive congress, Budapest, Hungary, 30 May – 4 June, 2010.

[107] ALBERS A, BABIKA, GEIERM. Validierung von Fahrzeug – Antriebssystemen mit hochdynamischen Prüfständen [R]. Proceedings of the Fachtagung Dynamisches Gesamtsystemverhalten von Fahrzeugantrieben, Starnberg, Germany, 2013. Experten Verlag, Renningen.

[108] ALBERS A, FISCHER W, BEHRENDT M, et al. Messung und Interpretation der Wirkkette eines akustischen Phänomens im Antriebsstrang eines Elektrofahrzeugs [J]. ATZ – Automobiltechnische Zeitschrift, 2014, 116 (3): 68 – 75.

[109] ALBERS A, GEIER M, JAEGER S, et al. Validation of Vehicle Drive Systems with Real – Time Simulation on High – Dynamic Test Benches [R]. Proceedings of the ASME V&V Symposium, Las Vegas, USA, 22 – 24 May, 2013.

[110] SCHROTER, J. Das erweiterte X – in – the – Loop – Framework zur durchgangigen Integration von Optimierungsverfahren in den Produktentwicklungsprozess am Beispiel der Entwicklung energieeffizienter Fahrzeuge [D]. Karlsruhe: Karlsruher Institut für Technologie (KIT), 2013.

[111] MATTHIESEN S, SCH FER T, SCHMIDT S. Zielgerichtete und kundenorientierte Produk-

tentwicklung – von der Anwendungsanalyse zur Validierung [R]. Proceedings of the Stuttgarter Symposium für Produktentwicklung, Stuttgart, Germany, 2015.

[112] YOU Y. Eine Studie zur Implementierung des IPEK – X – in – the – Loop – Ansatzes in der verteilten Fahrzeugentwicklung am Beispiel Antriebsstrangentwicklung [D]. Karlsruhe: Karlsruher Institut für Technologie (KIT), 2017.

[113] MAP IDEA. Abschlussbericht Forschungsprojekt „Sino – German Network on Electromobility" [R]. Berlin: BMBF, 2014.

[114] GAO H, ZHANG T, CHEN H, ZHAO Z, SONG, K. Application of the X – in – the – Loop Testing Method in the FCV Hybrid Degree Test [J]. Energies, 2018, 11, 433.

[115] 吴春风. 基于 XiL 框架的混合动力汽车仿真模型开发—用于评估分布式环境对验证结果的影响 [D]. 上海: 同济大学, 2017.

[116] XUL, XIAOJ. Modeling and Simulation of the Dynamic Behavior of Proton Exchange Membrane Fuel Cell [J]. J. WUT (Inf. Manag. Eng.), 2007, 29, 10 – 13.

[117] 徐腊梅, 肖金生. 质子交换膜燃料电池动态特性的建模与仿真 [J]. 武汉理工大学学报 (信息与管理工程版), 2007 (03): 10 – 13.

[118] 孙升. 燃料电池汽车动力系统混合度对整车动力性影响机理分析及优化设计 [D]. 上海: 同济大学, 2016.

[119] HOU Y, SHEN C, HAO D, et al. A dynamic model for hydrogen consumption of fuel cell stacks considering the effects of hydrogen purge operation [J]. Renewable Energy, 2014, 62 (3): 672 – 678.

[120] ZAUNER M, SCHREMPF A. Modellbildung und Simulation [M]. Vienna: Springer, 2009.

[121] 秦洪懋. 基于驾驶行为的车道偏离预警系统关键技术研究 [D]. 镇江: 江苏大学, 2014.

[122] 吴松松, 郑燕萍, 杜政平, 等. 基于模糊 PID 控制理论的驾驶员模型的建立 [J]. 公路与汽运, 2012 (4): 14 – 16.

[123] 黄妙华, 陈飚, 陈胜金. 电动汽车前向仿真中驾驶员模型建模与仿真 [J]. 武汉理工大学学报 (交通科学与工程版), 2004, 28 (6): 825 – 828.

[124] 袁晓峰, 许化龙, 陈淑红, 等. 正弦信号失真度测量方法述评 [J]. 计测技术, 2004, 24 (1): 1 – 3.

[125] KNORR S. Multirate – Verfahren in der CoVerfahren in der Co – Simulation gekoppelter dynamischer Systeme mit Anwendung in der Fahrzeugdynamik [D]. Ulm: Universität Ulm, 2002.

[126] FREUDENBERG J S, HOLLOT C V, MIDDLETON R H, et al. Fundamental design limitations of the general control configuration [J]. IEEE Transactions on Automatic Control, 2003, 48 (8): 1355 – 1370.

[127] 孙若怀. 概率丢包网络控制系统的稳定性分析及控制 [D]. 哈尔滨: 哈尔滨工业大学, 2013.

[128] 承良超, 葛芦生, 陈宗祥, 等. 数据丢包对 DC/DC 无线并联均流系统的影响 [J]. 电源学报, 2018, 16 (5): 153 – 158.

[129] HOUSEHOLDER A S, YOUNG G. Weber laws, the Weber law, and psychophysical analysis [J]. Psychometrika, 1940, 5 (3): 183-193.

[130] 史胜利. 基于 Internet 的机器人遥操作系统关键技术研究 [D]. 哈尔滨:哈尔滨工程大学, 2004.

[131] ÇAVUSOGLU M C, SHERMAN A, TENDICK F. Design of bilateral teleoperation controllers for haptic exploration and telemanipulation of soft environments [J]. IEEE transactions on robotics and automation, 2002, 18 (4): 641-647.

[132] NATORI K, KUBO R, OHNISHI K. Transparency of Time Delayed Bilateral Teleoperation Systems with Communication Disturbance Observer [R]. Proceedings of the IEEE International Conference on Mechatronics, Changchun, Jilin, China, 8-10 May, 2007. IEEE.

[133] TAKAGI T. Traffic Flow Optimization by Weber-Fechner Law Applied Intelligent Vehicles [J]. Journal of Instrumentation, Automation and Systems, 2014, 1 (2): 50-55.

[134] SAKR N, GEORGANAS N D, ZHAO J. Human Perception-Based Data Reduction for Haptic Communication in Six-DoF Telepresence Systems [J]. IEEE Transactions on Instrumentation & Measurement, 2011, 60 (11): 3534-3546.

[135] 戚德虎,康继昌. BP 神经网络的设计 [J]. 计算机工程与设计, 1998 (2): 47-49.

[136] KUNG S Y, HWANG J N. An algebraic projection analysis for optimal hidden units size and learning rates in back-propagation learning [R]. IEEE International Conference on Neural Networks, San Diego, CA, USA, 24-27 July. IEEE.

[137] GE X, BRUDNAK M J, JAYAKUMAR P, et al. A model-free predictor framework for tele-operated vehicles [R]. American Control Conference, Chicago, IL, USA, 1-3 July 2015. IEEE.

后 记

本书基于我的博士论文研究进行了调整完善，博士论文的选题可以说是一个"巧合"，当时正值移动互联技术蓬勃发展，同时燃料电池技术在新能源汽车领域占有一席之地，我所参与的中德合作项目恰好为两国共同进行燃料电池动力系统开发提供了平台支持。随着时间推移，当我完成博士论文时，5G 技术、物联网技术日趋成熟，燃料电池也成为新能源汽车的重要战略方向，当时还属于"小众"的论文方向也成为热门领域，可以说是一件幸事。

本书的出版首先要感谢我的导师章桐教授，从选题、框架制订与修改、内容形成与修改，无不倾注了章老师的心血。在博士求学的几年来，章老师丰富的理论与实践经验、严谨求实的治学态度都深深影响着我，鞭策我从一个懵懂的本科生成长为一个在新能源汽车研究领域有见解有承担的人。十分感谢章老师营造的学术环境，给了我充分利用德国学术资源的机会，也感谢章老师提供的科研条件，使得不少学术难题能够逐渐破解。另外还要感谢同济大学宋珂老师、德国 KIT 的 Albers 教授、尤寅博士和肖棋文博士为本书的完成提供的帮助。本书的出版还要感谢机械工业出版社孙鹏编辑的大力支持。

牛文旭

2019 年 8 月于上海